首都体育学院规划教材

教 练 学

JIAO LIAN XUE

ZHONG HONGYAN ZHU

钟红燕 著

中央民族大学出版社
China Minzu University Press

图书在版编目（CIP）数据

教练学 / 钟红燕著 . -- 北京：中央民族大学出版社，2019.10 重印
ISBN 978-7-5660-1684-3

Ⅰ.①教… Ⅱ.①钟… Ⅲ.①教练员—基本知识 Ⅳ.①G808.191

中国版本图书馆 CIP 数据核字（2019）第 125787 号

教练学

著　　者　钟红燕
责任编辑　于秋颖
责任校对　杜星宇
封面设计　舒刚卫
出 版 者　中央民族大学出版社
　　　　　北京市海淀区中关村南大街 27 号　　邮编：100081
　　　　　电话：68472815（发行部）　　传真：68933757（发行部）
　　　　　　　　68932218（总编室）　　　　　68932447（办公室）
发 行 者　全国各地新华书店
印 刷 厂　北京建宏印刷有限公司
开　　本　787×1092（毫米）　1/16　印张：13.75
字　　数　170 千字
版　　次　2019 年 9 月第 1 版　2019 年 10 月第 2 次印刷
书　　号　ISBN 978-7-5660-1684-3
定　　价　58.00 元

序

知道钟红燕是在21世纪初期，她是1998年和2002年亚运会皮划艇冠军，2002年世界杯皮划艇冠军，2004年奥运会皮划艇第四名。

初识钟红燕是在2005年，那一年她在夺得全运会冠军后，就读于北京体育大学冠军班。2012年就读于北京体育大学博士班，我有幸承担过她硕士和博士期间选修课程的教学工作。

认识钟红燕缘于2015年起至今的首都体育学院同事工作。她从这一年起在首都体育学院运动训练与竞赛学教研室工作，主要研究运动训练理论与方法、身体运动功能训练理论与方法，并承担教练科学与艺术的课程。

从运动员到教练员，从世界冠军到大学教师，四十岁的钟红燕，奉献给她的读者，一本厚厚的《教练学》。教练职业与发展、教练领导能力、教练过程、教练技术、设立策略和计划、训练计划的实施与风险防范、私人教练，钟红燕用7组画面刻画了教练之道。

众所周知，恰如每个成功男人的背后都有一个伟大的女人，每个成功的球队背后必有一个伟大的教练。

里约奥运会中国女排的绝地反击，得益于郎平教练2013年5月上任就开始的对责任和对成功的认识。对责任，郎平说："从我决定带女排的时候我就没考虑应该得到什么。队伍是主教练责任制，不管是好还是不好，我都应该承担责任。""我没有什么私心杂念。球队带得不好，我有责任带她们继续向前。球队带得好，是大家的功劳，我一个人做不了什么。我没有后悔过，只是尽力而已。"对成功，郎平说："成功对我追求的事业是最好的回报。什么是成功？到第几是成功？我把我所有潜力发挥出来，尽了最大努力，克服了最大困难，我觉得就是成功。至于最后的结果是自然的。成功不能拿一个东西，或者一个目标来衡量。"这些理念，以及在过去3年多的时间里，郎平一直在大国家队理念的指导下苦心操练人马，这些无疑都为里约的获胜奠定了扎实的基础。

2016年，排名世界第十六的中国女足，奥运会预选赛击败世界亚军日本，扳平排名世界第八的朝鲜和排名世界第六的澳大利亚，提前一轮获得里约奥运会入场券。里约奥运会上胜南非、平瑞典，以小组第二的成绩打进八强。执教这支女足队伍不到一年的法国教练布鲁诺竞聘时说："我不只是个教练，还是个教育家。"他经常挂在嘴边的话是："足球首先是个教育，然后才是体育。"第一次集训会议上他就对队员们说："足球更多的其实是一种态度。"中国女足一名教练组成员总结说："在人文关怀、个人学识上，布鲁诺做出了一个典范，他激发了队员们自己的实力和潜能，使中国女足更成熟了，踢得比以前更聪明了。"

由此看到，一个伟大的教练对球队的建设是多么重要。优秀教练员的知识和能力具有随执教情景变化而变化的特点，不论在任何情景下都能发展运动员的能力、自信、沟通和品格，调动运动员的潜能和激情。这些不正是职场领导者所需要的吗。

Glenn Lurie，AT&T 移动公司董事长兼CEO，曾是效力于美国克利夫兰、亚特兰大、密尔沃基、波特兰队的职业足球运动员，当别人问他脱下球衣换上西装难不难的时候，他回答说，当然很难。但那些让我爱上足球的因素，它们在商海中也都找得到：团队精诚合作、追求共同目标、竞争精神、队友情深，以及最重要的 —— 作为一个团队去取得胜利。

我想，钟红燕的《教练学》想传达给读者的正是一位运动员、教练员、大学教师对教练之道的感悟和从传统体育教练中走出来的教练科学与艺术。

钟秉枢

2019年4月

目　　录

绪　论

第一节　教练学的形成

一、概念

关于教练学的概念，最早来自教练学之父，美国著名的网球教练提摩西·葛维，他说："教练学是在一个非压力的环境下，利用一系列非指令性的问题，来帮助当事人分析和解决他们所面临的问题的行为，而非给予直接的建议与指导。"但这只是出于一位网球教练角度所定义的教练学概念，并未被业界认可。

目前来说，教练学最权威的概念来自教练员自己的组织——国际教练联合会。国际教练联合会给出的概念是：教练学是教练与自愿被教练者在深层次的信念、价值观和愿景方面，相互联结的一种协作伙伴关系。只有当一方迫切需要进步和发展，另一方也希望帮助对方去实现这个奋斗目标时，才能建立起的一种卓有成效的教练关系。

以上都是对教练学非常书面、非常晦涩的描述，不利于传播。其实，通俗地来说，教练学就是将体育教练对运动员的指导、培训方式运用到个人、团队、企业管理等领域，通过使用聆听、发问、区分、回应的教练技术，洞察被教练者的心态，向内挖掘被教练者的潜能，向外发现被教练者的可能性，提高技战术水平，有效达到教练、被教练者以及团队的最终目标，使其专业技术提高、心灵得到成长的一门学科技术。

二、教练与教练学

要想了解教练与教练学之间的关系，首先需要明白以下概念。

1.教练

具备专业教练能力与素质及职业操守，能够熟练运用教练技巧或工具、策略，透过对话等形式，支持当事人走出生活与工作的迷局，最终取得理想成果的专业工作者。

2.当事人或被教练者

期望人生的某个或多个领域中的课题得以解决或有更大的进展与突破，而寻求教练帮助或支持的人。概括来说，主要有以下两种：

●希望改变现状，由平凡到优秀的人。

●希望突破瓶颈，要好上加好，由优秀到卓越的人。

3.教练过程

通过发生在教练与当事人之间的对话，促使当事人自我思考、自我聆听从而引发出当事人内在智慧的过程。

4.教练技巧

可以支持当事人走出迷局、获得更大成就的有助于自我启发、自我觉醒、自我成长的方法、策略和工具。

教练有四个技巧：聆听、发问、区分、回应。如图0.1所示。

图 0.1　教练的四个技巧

三、教练学的历史

在 20 世纪 70 年代，美国一名叫提摩西·葛维的海军战士退役后，在打网球时总结出一个练习网球的方法，即注意力集中法。通过这个方法，他成功地教会了许多从未接触过网球的人打网球，后来，葛维对外高调宣称：我可以让一个完全不会打网球的人在 20 分钟之内学会基本熟练地打网球。

此话一出，迅速引起了美国某电视台的兴趣，他们决定派记者现场采访报道。在现场葛维随便找了个从未打过网球且身形肥胖的女人，结果他通过自己的教练方法很快便教会了这个女人打网球。

事后，葛维解释说：我并没有教她打网球的技巧，我只是帮助她克服了自己不会打球的固有信念，使她的心态经历了从"不会"到"会"的转变。效果就是明显，方法就是这么简单。

此事在电视台播放后，便有许多企业管理者请葛维去讲课。葛维去后，并没有去球场，而是被请到了会议室，在讲课过程中，企业管理者们把葛维所讲的内容进行了转化，随后用到了企业管理上，这就是教练学的源头。

后来，葛维给教练学下了一个初始的定义。而他的注意力集中法也迅速得到推广，传遍了整个体育界和企业界。1995年，国际教练联合会成立后，专门给教练学下了定义，自此教练学正式成型。而国际教练联合会是一家专门培训专业教练的机构，该机构通过确立高标准，提供独立的教练证书，建立起全球认证的教练网络，促进专业教练的发展。

第二节 教练学的研究对象

一、教练学的观点

教练学的主要观点就是"用问题来解决问题"。但凡有能力制造问题，就一定有能力解决问题！

"问"是教练学里最有效的"用问题解决问题"的工具。正因为当事人找不到提高技战术和心理转换能力的方法，所以需要教练指导，而只有问教练过程中的疑难问题，才能逐步解决训练中产生的问题，从而最终解决问题，提高技战术水平和心理能力。

所以说，问问题本身就是解决方案，但前提是问对问题。

首先让当事人更加清晰地阐明他们的问题。然后教练了解问题发生的背景条件是什么，从中去除掉一些无用的信息，引导当事人摆脱掉情绪的影响。最后进一步清晰当事人所要达到的理想结果，使问题的解决更具有针对性，有效避免因问题过于宽泛，造成更加混乱的局面。使当事人站得更高、看得更远、想得更宽、思维更深入。

二、约哈利窗

在体育界，无论是个人项目还是集体项目，水平再高的运动员也无法只凭一己之力打败天下无敌手，所谓当局者迷旁观者清，教练能更加清楚地把运动员在训练中错误的动作、输掉比赛的原因归纳总结出来，他也会指出运动员的盲点，挖出运动员的潜能，从而帮助运动员更上一层楼。

那么，如何才能找到运动员的盲点，挖掘其潜能呢？要回答这个问题，首先需要了解一下心理学上的一个概念：约哈利窗。

约哈利窗是一个研究人际互动关系的理想模式，也是一个很直观的研究潜能的工具。这个理论诞生于1995年，是美国加州大学西部研究中心的Joseph和Harry Ingham两人所创。"约哈利"是由两位研究者名字的缩写组合而成的。约哈利窗的重要性在于：通过它可以清晰地知道为什么教练可以激发运动员的潜能。

约哈利窗显示，对每一个人来讲，世界有四个部分（如图0.2所示）：

第一，自己知道，他人也知道的事情，这是公开的信息；

第二，自己不知道，但是他人知道的事情，这是个人的盲点；

第三，自己知道，他人不知道的事情，这是隐私；

第四，自己不知道，他人也不知道的事情，这是未知之事，是一个人的隐藏潜能。

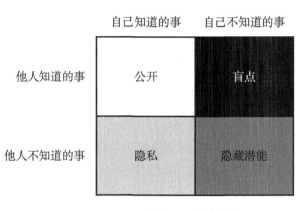

图 0.2 约哈利窗

教练技术的焦点在于，教练的对象是运动员，人本教练模式把约哈利窗的焦点集中在"我"身上，更为清晰地表达其在教练技术中的指导作用（如图 0.3 所示）：第一，我知道关于我的事情，他人也知道关于我的事情，这是公开的信息；第二，我不知道关于我的事情，他人知道关于我的事情，这是我的盲点；第三，我知道关于我的事情，他人不知道关于我的事情，这是我的隐私；第四，我不知道关于我的事情，他人也不知道关于我的事情，这是我的隐藏潜能。强调一下，这里的"我"可以看作运动员。

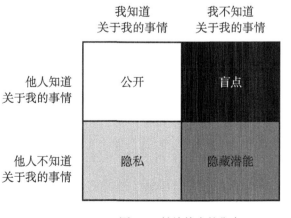

图 0.3 教练技术的焦点

教练员反映真相，帮助运动员改善心态，更真实地看到自己的潜能。将图 0.4 中的竖线向右移动，减少信念中的盲点，这是反馈的过程；教练指导运动员厘清目标，做行动计划，不断检视行为与目标的距离，最终把目标变成现实，将图中的横线向下移动，让潜能浮出水面，最终成为运动员个人的能力和表现，这是披露的过程。教练员存在的意义，就是在教练过程中，帮助被教练者有效地变动他的约哈利窗。

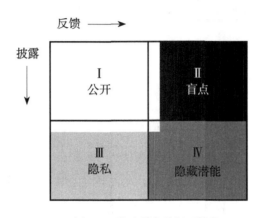

图 0.4 约哈利窗的相互转化

从约哈利窗的图示上看，它的四个区域并非静止不动的。教练员通过有效沟通，可以将约哈利窗的中线向下和向右移动，逐步将个人的盲点变成公开，转变的这一部分，就蕴藏着发现个人的潜能过程。这一过程常常能让运动员们实现突破，做到他们认为自己做不到的事情。

三、研究对象

一门学科成立的基本条件包括：有自己独特的研究对象，有自己独特的研究方法，有自己独特的视角。而在中国教练学是否已具备了学科成立的基本条件？答案是肯定的。

（一）独特的研究对象

教练学是关于教练职业的本质、特点、作用、教练素质和选拔培养问题的理论体系。教练学围绕教练职业探讨范围广泛的问题，不仅对教练的地位、作用、职业特点、素质结构、选拔和培养途径、自我完善的技能，以及教练职业的现状和未来做系统的研究，而且要探讨教练的本质及其成长规律。

教练学的研究对象定位为各类教练，通过教练文化和以人为本的理念，为体育界、健身界提供多方位的管理服务，是为教练所定制的。它是一门让教练员学习如何让运动员的目标从个人理想提升到团队愿景上，进而实现团队共享目标的学科。

教练学的研究对象主要有两类人：追求卓越的教练员、运动员。

（二）独特的研究方法

教练学是一门让人认识自己和了解自己的学科，教练通过一系列的方法和技巧引导被教练者找到盲点，解决问题。通过改善被教练者的心智模式，发掘更多的可能性，谁把握了人性，谁能够把大多数人的力量整合在一起，谁就能推动世界的发展。教练独具的研究方法正是倡导变革式的自我提升。

（三）独特的视角

作为一门学科，它必须具有独特的视角。那么，教练学是否已经具备了上述两个条件呢？答案仍然是肯定的。

首先，教练学已经具备了其独特的视野。

众所周知，在社会科学这一庞大的学术体系中，试图创建的教练学，既是一门相对独立的新兴学科，也是一门边缘性很强的人文学科，与社会学、管理学、教育学、历史学、艺术学等传统学科有着相当密切的学术联系。

在承认这一共性的同时，也应看到，教练学也是一门专业性很强的学问，具有自己的独特视野和领域。教练学所关注的，并不只是企业管理者，还包括政界、商界、社会组织及个体，教练学的研究视野和领域是相对独立的。

在社会科学研究领域，仅有独特的研究视野是远远不够的，除研究视野外，还必须具备独特的研究视角。

教练学的管理视角将过去传统的对事情的关注更多地转向对人的关注。传统的管理基本上都是教人如何管理事情，而教练学则是教人如何了解人、关注人，激发人的学问与技术潜能。

第三节　教练学的现状与发展趋势

一、发展现状

从1995年到现在，教练学的发展日益兴盛，教练的数量也在不断增长。据统计，目前世界上大概有3万个专业教练。

教练学不只应用于体育界，还可以运用于商界。在美国，有将近九成的企业在使用教练学。在可知的未来，很多企业都准备将教练学融入企业管理中来。

中国国家足球队前主教练米卢曾在他36岁时学习过教练学，从那以后，他的事业就有了突飞猛进的发展。

微软前中国区总经理吴士宏在她所著的《逆风飞扬》中，也深刻回忆了她当年在微软时学习过的教练学。

在我国，运用过教练学的乐百氏集团掌门人何伯权曾说，运用教练学教育员工是一项有价值的投资，因为教练技术可以促进员工的成长和发展，给企业带来长远的效益。

二、权威的教练学组织

教练学国际协会（Association for Coaching，AC）是全球三大教练协会之一，成员覆盖58个国家。教练学国际协会成立的目的，就是要订立一个达到超越职业及学术范畴的严谨的国际教练认证，基于此，它确立了国际标准的专业教练资格，认证内容包括卓越及专业的教练指引、原则、训练方式、各项标准及行为。

教练学国际协会对教练认证有着严谨及成熟的编制。教练必须具备指定的指引核心能力，并按照个人的指引经验、时数等准则申请成为不同级别的认证教练，认证级别分别为基本教练、教练、专业教练及资深教练。

要成为国际认证的资深教练，必须达到80小时以上的教练专用培训、1500小时以上的指引经验、最少12个月的教练学督导、3年内42小时以上的持续专业发展、对教练学有专业知识及深度理解、灵活运用不同的指引理论及模式，更要提交指导录音、笔录及督导日志等。

教练行业的专业化及标准化对行业的发展有很重要的作用，我国有不少优秀的教练拥有深厚的指引经验，透过教练学国际协会的架构，就可以凭自己的资历取得认证。

第 一 章

教练职业与发展

第一节　教练职业道德、法律和规范

一、教练职业道德

教练职业道德，是指教练员在训练和培养运动员的活动中所必须遵循的行为规范。它是从教练员的职业劳动中引申出来的，能在运动训练过程中调节教练员与教练员之间、教练员与运动员之间、教练员与社会及他人之间的关系。

教练员职业道德可从作用和内容两方面来理解。

第一方面：教练员职业道德的作用

教练员职业道德在运动训练中的作用具体表现在以下两个方面：

1.对运动训练过程的调节作用。调节教练员在运动训练过程中的行为，是教练员职业道德最基本、最主要的作用。教练员在选择自己的行为时，要受到社会舆论和内心信念两种因素的影响，而社会舆论是对教练员行为进行道德评价的一种外在力量。当教练员的行为有利于全面培养运动员时，就会受到社会舆论的赞扬，并加以提倡、鼓励这种行为；反之，则会受到社会舆论的谴责，促其选择正确的职业道德行为。内心信念是对教练员行为进行道德评价的一种内在力量。一个教练员的行为不可能都受到社会舆论的评价，所以教练员应把遵守道德规范作为自觉的要求，使之成为一种内心信念。那些长年累月在第一线工作的教练员，不为名利，发扬无私奉献的精神，默默无闻地工作着，这种精神力量来源于对祖国、对人民的无限热爱，是发自内心的高度自觉。

2.对运动员的教育作用。青少年运动员模仿力强，教练员的一言一行对他们品德的形成和发展都具有重要作用。实践证明，一个人在青少年时代所受到的道德品质的教育与熏陶，与他以后乃至一生的成长都有密切的关系。教练员对运动员人生道路的选择以及人生观、世界观形成的影响往往使他们终身受益。有些运动员退役走上工作岗位后仍念念不忘他们的教练员。

第二方面：教练员职业道德的内容

教练员职业道德的内容十分广泛，概括起来有以下几方面：

1.热爱祖国，献身体育：忠诚于体育事业，培养优秀的运动员是同忠于祖国、为人民服务的宗旨相一致的。"为国争光"是教练员职业道德的核心内容。

① 热爱体育，勇于献身。教练员的献身精神，首先表现在热爱本职工作上，有强烈的事业心和责任感，有攀高峰、夺金牌的志向和抱负。不想拿冠军、不敢争第一的教练员，绝不是一名出色的教练员。教练员的献身精神还表现在能够吃大苦、耐大劳，在平凡的训练岗位上能辛勤工作。

② 顾全大局，甘为人梯。优秀运动员的成长要有一个过程，摘取世界大赛的桂冠往往需要几代人的共同努力，是几位、十几位教练员磨砺的结果。在我国，国家队的运动员都是从基层逐级选拔出来的，任何一个环节抓不好，人才就难以出来。因此，顾全大局，甘为人梯，为国家输送人才，是教练员道德的具体表现。

③ 艰苦奋斗，无私奉献。在改革开放，发展社会主义市场经济的新

形势下，对体育职业道德提出了新的更高的要求。我们现在的条件与过去相比，有了很大的提高，但条件好了，环境变了，艰苦奋斗的精神不能丢，为人民奉献的高尚情操不能变。教练员只有把自己的全部身心与所从事的事业融为一体才能有所作为。

2.科学训练，不断创新：教练员的工作态度，关系到训练和比赛能否顺利进行，能否出好成绩、出人才。训练和比赛中的道德规范，是教练员必须予以高度重视的问题。

① 从难从严，科学训练。训练中既要坚持"三从一大"的方针，又要尊重客观规律，科学训练，充分发挥主观能动性。认识和掌握训练、比赛的客观规律，进行科学训练是教练员道德行为的具体表现，任何违背客观规律的蛮干行为都是不道德的。

② 科学训练要注意三点。第一，因材施训。能否根据运动员的不同特点，采取不同的训练手段使每个运动员的竞技能力得到充分的发挥，不仅能反映教练员水平的高低，也是教练员道德品质是否高尚的重要标志。第二，掌握规律，认真施教。只有努力掌握训练的客观规律，认真施教，才能取得良好的效果。如果不从实际出发，不按科学办事，只是盲目训练，甚至采取简单、生硬、野蛮体罚的做法，那么不仅得不到好的效果，而且还会迫使有前途的运动员"夭折"，给国家造成损失。这也是违背教练员职业道德的。第三，善于总结，勇于探索。教练员的工作是一项创造性的工作，科学训练过程就是一个不断总结、不断创新的过程。安于现状，因循守旧，墨守成规，不能突破旧框框，不敢闯新路子，就很难有所建树，更不可能有新的重大突破。

③ 刻苦钻研，勇攀高峰。第一，要勤奋学习，拓宽知识；第二，要钻研业务，精益求精；第三，要又红又专，全面发展。

④ 沉着冷静，指挥有方。竞赛是竞技体育的中心环节，教练员是体

育竞赛的指挥者，因此必须认真对待比赛，赛前做好充分准备，做到知己知彼，开好预备会，拟定最佳技战术方案，使每个运动员明确竞赛的任务和策略，坚定信心，发挥优势，消除一切影响比赛的消极情绪，去争取胜利。

临场比赛时，教练员一定要镇定自若，指挥有方。比赛时教练员的表情、态度、语言、手势都对运动员有很大影响。教练员沉着、冷静，善于分析形势，排除干扰，捕捉战机，及时调整技战术，不断调动运动员的积极性、兴奋性，同时注意打心理战，使对方摸不着头脑，就能使比赛取得较理想的结果。相反，如果赛前准备不充分，临场出现问题时惊慌失措，埋怨运动员、裁判员，甚至寻衅闹事，挑起争端，不仅不能取得胜利，严重的还会影响人格、国格，这是不符合教练员职业道德的。赛后要认真总结，以利再战，不仅是教练员，所有运动员都要共同总结。不仅要总结比赛时的优缺点，更要注意探索训练和比赛的规律；不仅在胜利时要总结经验，增强信心，在失败时更应总结教训，不丧失信心。

3.严格要求，授技育人：在运动训练过程中，教练员与运动员的关系直接影响训练和比赛目的的实现。在训练过程中，教练员既要向运动员传授运动技术知识，又要注意培养运动员良好的思想品德，全面提高运动员的素质。"授技"与"育人"，两者互为联系，不可分割。

① 热爱运动员，尊重运动员。热爱运动员是同运动员建立良好关系的感情基础，也是做好教练员工作的前提。热爱运动员，就是要关心、了解运动员，这是"爱"的认识基础；热爱运动员，就是要理解、体谅运动员，越是在遇到困难、挫折时，越要鼓励运动员，使他们自强不息，奋发再战；热爱运动员，还要尊重运动员，尊重他们的人格、意见和建议，尊重他们的正当要求和个人爱好。

② 严格要求。"严"是运动员训练的一个重要规律，也是成功的诀

窍。严不是一味地约束、管制、惩罚运动员，不是板起面孔训人，更不是"打骂罚"，而是严在点子上，严在关键处，严得科学。严要以爱为前提，要同爱紧密结合，是由于爱而产生的。严要符合运动训练的规律和目的，而不是教练员任意提出的清规戒律。严要有分寸，严得适度，提出的要求既要高于运动员现有的水平，又要使他们经过努力能够做得到。做不到的事，强硬要求，就会产生相反的效果。严要求应尽可能地使运动员理解，理解了才可以提高自觉性。严格要求要一视同仁，对尖子队员和后进队员都要严格要求。从一定意义上讲，对尖子队员的要求应更严一点。有的运动队对尖子队员的管理不严，出现了教练员对其不敢管、管不了的现象，有的甚至造成了恶劣影响，这方面的沉痛教训一定要引以为戒。

4.团结协作，公平竞争：运动训练既是教练员的个体劳动，同时又是集体劳动。如何处理教练员同其他教练员、领队、裁判员及辅助人员之间的关系，也是教练员必须解决的问题。

二、教练的法律

关于教练的法律，可从体育仲裁和严禁使用兴奋剂两方面来讲述。

第一方面：体育仲裁

《体育法》第33条规定："在竞技体育活动中发生纠纷，由体育仲裁机构负责调解、仲裁。"

（一）体育仲裁范围

（1）《体育法》规定的体育纠纷是指因禁用药物、运动员流动、参赛资格等引起的体育专业纠纷。

（2）体育仲裁只适用于竞技体育活动中发生的纠纷，而不包括社会体育和学校体育中的纠纷。

（3）体育仲裁中所指的体育纠纷不包括赛场上的具体技术争议和其他一般性纠纷，该类纠纷由临场裁判及临时设立的仲裁委员会负责管理。

因此，《体育法》中的仲裁机构不同于体育赛事中临时设立的仲裁委员会。

（二）体育仲裁机构

（1）由于仲裁的民间性，体育仲裁机构应当是由法律、体育和技术等方面的专家组成的民间机构。

（2）体育仲裁机构的仲裁活动根据国家法律及仲裁规则进行，不受任何机关、团体和个人的干预。另外，基于体育纠纷的专业性和竞技体育管理体制的特殊性，《体育法》规定，体育仲裁机构的设立办法和仲裁范围将由国务院根据仲裁理论、仲裁制度和我国体育实践的具体要求另行规定。

第二方面：严禁使用兴奋剂

《体育法》第34条规定："体育竞赛实行公平竞争的原则。体育竞赛的组织者和运动员、教练员、裁判员应当遵守体育道德，不得弄虚作假、营私舞弊。在体育运动中严禁使用禁用的药物和方法。禁用药物检测机构应当对禁用的药物和方法进行严格检查。严禁任何组织和个人利用体育竞赛从事赌博活动。"

目前，竞技体育中的兴奋剂问题已成为国际体育界的一个公害。为了保护运动员的身心健康，维护公平竞赛的体育道德，严肃和规范对使用兴奋剂行为的处罚，根据《体育法》，国家体育总局于1999年正式施行了《关于严格禁止在体育运动中使用兴奋剂行为的规定（暂行）》。

（一）一般规定

兴奋剂是指有关体育组织规定的禁用物质。对使用兴奋剂行为的处罚应严肃、公正，并遵循处罚与教育相结合的原则。严肃处理下列使用兴奋剂的行为：

（1）运动员以任何理由和方式使用兴奋剂，或拒绝兴奋剂检查，或在兴奋剂检查中有不正当的行为。

（2）组织、强迫、欺骗、诱导、指使、指导运动员使用兴奋剂。

（3）针对运动员制造、试用、携带、销售、购买、有偿或无偿提供兴奋剂。

（4）为上述活动筹集或提供经费。

（二）处罚规定

第一，如果运动员的兴奋剂检查结果为一类兴奋剂阳性，或拒绝、逃避兴奋剂检查，或在兴奋剂检查中有不正当行为的，由有关单项协会按照协会章程规定，对该运动员及相关人员和单位进行处罚。

1. 对运动员的处罚

（1）凡在比赛期间被查出的，取消该次比赛成绩；

（2）第一次发生时，给予不少于2年的停赛处罚和4000元至80000元的罚款；

（3）第二次发生时，给予终身停赛处罚。

2. 对相关人员的处罚

（1）对直接责任者按照对运动员的处罚规定给予处罚，并处以不少于10000元的罚款；

（2）如未发现直接责任者，则给予主管教练员不少于1年的停赛处罚和4000元至80000元的罚款。如果该教练员负责训练的运动员发生第2例上述违禁行为，则终身取消其教练员资格；

（3）如违禁运动员的年龄未满18周岁，则从重给予处罚。

3. 对相关单位的处罚

（1）给予警告和负担追加20例兴奋剂检查费用的处罚；

（2）同一单位同一项目（不分男女，下同）的运动员在12个月内发生第2例上述违禁行为，给予该单位该项目不少于1年（从第2例阳性开始）的停赛处罚。

第二，如果运动员的兴奋剂检查结果为二类兴奋剂阳性，则由有关单项协会按照协会章程规定，对该运动员及其相关人员和单位给予处罚。处罚的形式与对一类兴奋剂阳性者的处罚基本相同，但责任稍轻。

第三，如果运动员违反有关规定未能按时接受赛外兴奋剂检查，则由有关单项协会按照协会章程规定，对该运动员及其相关人员和单位给予处罚。

1. 对运动员的处罚

第一次发生时给予警告和不少于3个月的停赛处罚，再次发生时均按一类兴奋剂阳性给予处罚。

2. 对相关人员的处罚

（1）对直接责任者按照对运动员的处罚规定给予处罚；

（2）如未发现直接责任者，则给予主管教练警告和不少于3个月的停赛处罚；如果该教练员负责训练的运动员发生第2例上述违禁行为，则给予不少于1年的停赛处罚和1000元至5000元的罚款；对于第3例及其以上的上述违禁行为，均按一类兴奋剂阳性给予处罚。

3. 对相关单位的处罚

（1）第1次发生时，给予警告和负担追加10例兴奋剂检查费用的处罚；

（2）同一单位同一项目的运动员在12个月内发生的上述违禁行为，按每2例计1例一类兴奋剂阳性给予处罚；

（3）以上运动员、相关人员或单位拒不执行处罚决定的，由有关单项体育协会视情节给予加重处罚。

（4）同一单位同一项目的运动员在全国运动会或全国城市运动会周期内（从上届闭幕式开始至下届开幕式前）发生4例以上（含4例）一类兴奋剂阳性（包括拒绝、逃避兴奋剂检查，或在兴奋剂检查中有不正当行为等），给予取消该单位该项目下一届全国运动会或全国城市运动会的参赛资格的处罚。

总之，对于兴奋剂违禁行为，应当依照有关规定，遵循国际体育组织的规定和国际惯例，严肃查处。对于情节严重、造成严重后果的，应当依法追究其民事或刑事责任。

三、行业规范

关于教练的行业规范，可以从场外指导和判罚两方面讲述。

第一方面：场外指导

1. 团体比赛运动员可接受任何人的场外指导；单项比赛运动员只能接受一个人的场外指导。

2. 在局与局之间的休息时间或批准的中断时间内，运动员可接受场外指导。

3. 在赛前练习结束后到比赛开始前不能接受场外指导。

4. 在比赛进行中不能用手势暗语进行指导。

第二方面：判罚

1. 黄牌警告：在其他时间内进行非法指导。

2. 红牌警告：警告后再次违纪，将被驱逐出赛区。

3. 在团体或单项中的一场比赛，指导者已被警告过，任何人再进行非法指导，将其驱逐出赛区。

4.团体比赛中被驱逐出赛区的人，不允许在团体比赛结束前返回。

5.单项比赛中被驱逐出赛区的人，不允许在该场单项比赛结束前返回。

6.拒绝离开赛区或比赛结束前返回，裁判员中断比赛，报告裁判长。

四、协议

现在，可能已经意识到，作为教练员，在与客户进行第一次会面时，应该就一系列问题进行讨论，这是非常重要的。在这次会面之后，可能需要与客户签订正式的合同，具体方式取决于是一名内部教练还是外部教练。下表提供了应该在教练协议对话中与潜在客户讨论到的问题，每个问题下也给出了一些示例。希望能根据组织和客户的具体需求，设计自己的教练协议。

先来看下教练协议清单：

我们将会定期举行教练会面
在数据反馈会面之外，我们至少还将进行6次会面
在教练会面以外，我们还会通过电话和邮件等方式进行沟通
如果需要推迟或取消会面，我们需事先达成一致
我们会通过使用行动计划表来记录行动和进度
教练关系是建立在教练和客户基础之上的一种关系
在教练前或教练后，会通过一些方法来衡量效果

上表所列清单，可以回答下表中的问题，用于具体的项目规划。作为教练员，也可以针对合作问题进行回答，例如：

我和客户多久见一次面？
我们一共举行多少次教练会面？
对于教练之外的交流，我会做出何种承诺？
如果客户取消会面，我会采取何种做法和流程？
我将如何记录客户的行动以及目标实现的进度？
客户对我有哪些期望？
我对客户有哪些期望？
在教练前后，会用何种方法衡量教练的成果？
我和客户之间如何交流？
如果出现问题，我会怎么做？
我如何确保机密性？
在选择教练方面，我该如何给客户提供意见？

第二节　教练行业的全球化发展

　　企业教练作为一种新的管理技术在企业界已经变得越来越重要。针对企业教练在中国刚起步的特点，学术界应加强以教练技术作为分析型工具的研究工作。随着企业教练技术的发展，中国应逐步建立起相应的教练组织机构和协会，对教练进行职业培训，对教练资格实行认证，规范教练的行为，总结教练个案，开展教练技术的研究，提高教练的自身素质和服务水平。

　　据《财富》杂志报道，企业教练作为当今最新管理方式的一种，正处于飞速发展的阶段，开始逐渐渗透到美国各知名企业的每个职员身上。教练技术作为一种适用范围很广泛的工具，在不同的行业和不同的岗位上，都能发挥作用。据ICF统计，截至2008年，全球共有近5万名专业教练，其中3万名教练的活动相当活跃。教练的地区分布情况为：美国（50%）、欧洲（10%）、加拿大（10%）、亚太地区（10%），其中72%的教练获得了ICF认证，其余的教练通过了各自国家教练机构的培训和认证。而企业内部教练则不计其数，有数十万美国人请过私人教练或接受过教练培训，美国总统克林顿执政期间亦聘请私人教练来辅助自己的事业；许多著名企业甚至公开提出了"建立教练文化"的口号。通用电气前CEO杰克·韦尔奇就是一名出色的企业教练，他退休后仍热衷于做一名企业教练。

《美国新闻与世界》公布的一项调查显示，教练是美国顾问业中呼声最高、增长最快的一个领域。美国《公共人事管理》对企业只采用培训与采用培训加教练两种方式的效果进行调查比较，结果显示，单纯培训只能提高22.4％的生产力，而培训加教练可以提高88％的生产力。另据最新调查，《财富》世界500强企业的首席执行官十有八九把他们的成功归功于教练的积极辅导。而在国内，教练技术也有了长足的发展。除了一些知名大企业运用此套管理技术之外，中山大学管理学院MBA中心首次在国内将教练技术引入EMBA，创办了"管理与教练"的课程。新的管理理念以及体验式的训练方式令参加课程的学员们耳目一新，拓宽了思路，在管理上多了一种新的选择。随着教练技术在中国的推广和应用，越来越多的管理者开始谈论这种新的管理技术。可以预见，教练这个行业将随着知识经济的增长而迅猛发展，而众多的企业领导者和经理们也会逐步实现从管理者到教练角色的转变。

一、教练行业在世界范围内的发展

说起教练技术如何从体育界进入企业界，且运用到商业管理与训练中，有一个颇具传奇色彩的小故事值得一提。曾经有一位美国教练提摩西·葛维声称，他可以让一个完全不会打网球的人在20分钟内学会打网球的基本技巧并熟练地打球。此事引起了美国一家媒体的兴趣，他们派记者去进行现场采访，看这个网球教练到底如何教。美国ABC电视台以"质疑者"的身份组织了20个从来没有打过网球的人，要求提摩西·葛维教他们，并现场纪实。第一位被教练的对象是Molly，当时她穿了一条像木桶一样的长裙，体重170磅（约77公斤），是一位已多年不运动且从未打过网球的体型肥胖的中年女人。提摩西·葛维轻松地挥着球拍，告诉Molly不要担心姿势和步伐的对错，不要显出一副竭尽全力的样子。其实很简单，当球飞过来时，用球拍去接，接中了就说：击中了！如果球落到了地上，就说：飞弹！提摩西·葛维接着告诉Molly，只要将心放在网球上，留意球飞来的弧线，留意聆听球的声音，完全把焦点集中在球上，然后用球拍击球就行了。人们看到，Molly击中的次数逐渐多了，飞弹的时候少了。在短短的20分钟内，从未打过网球的Molly竟然学会了轻松自如地击打网球。后来，提摩西·葛维说："我并没有教她打网球的技巧，我只是帮助她克服了自己不会打球的固有信念，使她的心态经历了由'不会'到'会'的转变，就是这么简单。"

AT&T公司领导人从提摩西·葛维的体育培训中受到启发，他们发现体育教练通过一系列启发诱导的手段能让平时很少进行体育锻炼的普通人克服心理障碍，激发出潜能，在短时间内掌握某项体育技能。于是AT&T公司的一位副总经理便请提摩西·葛维为公司的市场销售人员上一堂网球课，并把这些培训技巧转化成管理内容，应用于对企业管理者的领导力培训中，使他们向教练式管理者的方向转化。提摩西·葛维表示自己对企业内部管理一无所知，但他答应可以把销售人员当成运动员来看，可以把公司的客户当作网球来对待。课堂结束后，他发现在经理们的笔记中找不到任何和网球有关的字眼，反倒写满了密密麻麻的企业管理内容。原来，AT&T的管理者们已经将运动场上的教练方式转移到企业管理上来。于是，一种崭新的管理技术——企业教练技术——诞生了。从这以后，提摩西·葛维频频出现在AT&T、IBM、苹果、可口可乐等大公司里。在随后的二十多年里，他从一个体育教练转型为一个企业教练。他的著作《网球的内在诀窍》被誉为全球经典之作，后来他出版的《工作的内在诀窍》也得到了广泛好评。

从美国教练提摩西·葛维的教练职业生涯中的讲座和咨询来看，他主要致力于如下三个方面的目标：① 帮助公司中的员工个人掌握如何学习、自我思考的方法；② 帮助经理们学习教练的技能；③ 帮助领导学会创建学习型组织。随着被AT&T、IBM、通用电气、苹果、可口可乐、福特、日本丰田等巨型企业的导入、看好，教练技术迅速风行欧美。提摩西·葛维声誉日隆，被企业界誉为"企业教练"先驱。

1988年，托马斯·罗纳德开设了名为"设计人生"的课程，之后就开始了专门的教练培训。次年，他又开设了"生涯规划学院"，从此便迈出了专业教练培养和职业教练活动的第一步。1990年，美国全面开发了专业教练培养课程。1992年，托马斯·罗纳德开设了专业教练培训机构，并于1994年成立国际教练联盟，开始对专业教练进行国际认证。自此，教练作为一门职业慢慢确立了其专业地位和形象。不满足于上述成果的托马斯·罗纳德于1997年离开ICF，之后设立国际教练协会，并开发了更为简便的专业教练培养体制和辅助教练开展专业教练活动的体系。截至2008年，ICF的在册会员达2.3万人，ICA的会员也达到1.3万人。2001年托马斯·罗纳德创立了Coach Ville教练公司，为近2万名教练开展学习和训练提供了平台。通过公司网上平台，教练们可以充分发挥自己的专业能力，并可以和客户进行面对面的沟通。

经过30多年的发展，教练技术已成为欧美企业家提高生产力的有效管理技术，其理念也被誉为"具有革命性和效能的管理理念"，受到众多企业的青睐，已形成一种全球性的"企业教练"现象。目前，惠普、美孚石油、IBM、宝洁、国泰航空等诸多跨国公司都在内部推广教练技术，目的是将中层干部培养成教练型管理者，以提升企业业绩和整体效率。实践表明，教练技术在激发个人潜能、提高团队凝聚力、提升团队效能、提高企业与组织管理水平及整体绩效、增强企业核心竞争力方面成效明显。尤其是最近十余年来，教练技术作为一种新的管理理念在西方管理界特别是在欧美等国家得到了广泛的应用，并且成为管理顾问业中的主要流派之一。

美国一项调查显示，在所有实行教练制度的公司中，77%的公司认为，采取有系统的"教练"能降低职员的流失率及改善企业的整体表现。另一方面，专门从事企业教练的培训机构越来越多，许多富有企业实际管理经验的高管在退休后直接转型从事企业教练工作。2010年美国思科系统公司前大中华区副董事长林正刚退休后，就选择了从事企业教练的工作。

运用教练技术已经成为企业管理中应用性非常强的一种管理潮流，甚至被誉为"现代企业管理的一道曙光"。美国《财富》杂志评论说："如何在迅捷变化的时代永立潮头，迫切需要更有效的管理方式，教练应运而生。"企业教练已经成为一种新的职业，而且专业教练行业还成为美国和加拿大增长最快的服务行业之一。20世纪90年代，"教练技术"就引起一批心理学家的兴趣，心理学NLP（神经语言程序学）的权威人士Tim Hallbom、Jan Elfline等人还运用心理学知识不断丰富了教练技术。经过多年的发展，教练技术目前已逐渐成为一个新的行业和专业，它除了应用于企业管理外，还被广泛应用于心理、态度、人格、情绪、素质、技能、人际关系、亲子教育等个人成长及家庭、社会生活中的诸多领域。由此而产生的大量职业持续吸引着具有诸如管理、顾问、咨询和心理学背景的人们，同时，该职业也催生了大量的、不同的服务机构。随着教练技术的发展和演变，越来越多特殊领域的教练开始出现，教练们正在生活技能训练、管理训练和商务训练等领域内扮演着专家的角色。有数十万美国人请过私人教练或接受过教练培训，美国前总统克林顿在任期内亦曾聘用专业教练以协助他在各个方面都发挥得淋漓尽致。目前，在美国有数万名专业教练，学习教练技术的人也越来越多，就连全球"第一CEO"美国通用电气前总裁杰克·韦尔奇在任时也萌生过从事教练的想法和愿望。他曾经在公开场合不止一次地提出："最伟大的领导人，一流的，是教练。"2004年杰克·韦尔奇来到中国，在与中国的企业家进行对话时，再次强调"伟大的CEO就是伟大的教练"。退休后，他终于实现了在任时就想成为一名出色的企业教练的愿望。在美国，企业领导人认同自己是员工的教练的想法多于是团队领导人的想法。这种现象已日趋普遍，而且欧美各大企业CCO（企业教练技术执行官）亦备受重视。

少数大学也已开始给这类课程学分，使其成为管理学科和专业中的课程。譬如，英国的牛津布鲁克斯大学已设立"教练与导师实践硕士学位"。

国际上也成立了许多相关的组织，比如：教练心理学论坛 —— 英国心理学会的一个分支，创办了《教练心理学家》杂志；欧洲导师与教练委员会，创办了《导师与教练国际》杂志；英国心理学会教练心理学特别小组和澳大利亚心理学会教练心理学兴趣小组，创办了《国际教练心理学评论》专业杂志；国际教练联盟，这是国际上比较权威的教练组织，等等。所有这些组织都参与了数个计划来提高教练的标准和服务，他们代表了很多希望从供应方来提高专业教练的质量和水平的人的呼声。

二、教练行业在中国的发展

在中国，教练技术于20世纪90年代末被引入，短短十几年间便在社会实践中取得了丰硕的成果。教练技术最早在香港得到推广。1999年香港通信市场很不景气，香港润迅的高层决定调整职员薪资，但又担心会造成职员大量流失。在这种情况下，润迅接受了为期三个月的专业教练服务，通过教练训练课程，帮助公司的店面主管理清了自己的目标，使其看到了新的可能性，从而提升了业务表现及服务素质，使销售业绩在三个月后递增了两倍。此次教练训练课程为润迅后来成功地进入中国内地市场打下了良好的基础。

教练技术刚被引入中国内地时，最先是一些欧美在华投资的企业和港澳台的华人接受其训练，后来民营企业才开始接受，并逐渐融和进一些中华文化。国内第一家接受教练技术训练的大型企业是何伯权领导的乐百氏集团，通过教练文化的导入取得了良好效果。而广州物资集团的董事长何明逊也曾表示说愿意做"企业教练"式领导人，他每周定时开放一个企业内部教练的时间，任何员工都可以通过预约的办法找他谈话。连续七年亏损的广州十大特困户之一的国有企业广州物资集团在内部推行了教练技术后，很多中层领导者都接受了教练技术的培训，结果一年不到企业转亏为盈，成为纳税大户。1999年，中国电信和国家教育部认可的中国电信网上教学中心，开办在线教练训练，通过国际互联网这一先进传播手段，让更多企业人了解教练技术。2000年6月，广州举办了中国首次教练技术研讨会。珠江三角洲地区一百多家企业、两百多名管理者参加了会议，现场出现了临时加座的火爆场面。面临"入世"挑战的中国管理者们表现出对教练技术浓厚的兴趣，香港科技大学、清华大学、复旦大学都举办过相关培训和专题演讲，教练技术在中国得到了一定的传播。

教练技术是一项通过改善被教练者心智模式来发挥其潜能和提升效率的管理技术。教练通过一系列有方向性、有策略性的方法，洞察被教练者的心智模式，向内挖掘潜能，向外发现可能性，令被教练者及时调整心态、清晰目标，以最佳状态创造成果，有效达到目标。对于企业而言，教练技术不仅是一种高效的沟通技巧，可以自我提升、自我调适心态，而且还是一种有效激发团队创造力、创新力的方法。对于企业中高层来说，教练技术是一套提升企业执行力，有效授权并达到目标的管理方法。经过近二十年的发展，教练技术在中国已得到广泛普及，"企业教练师"也逐渐成为在企业发展中不可或缺的专业性人才。与此同时，教练行业的标准化、职业化、行业化发展也势在必行。国家人力资源和社会保障部中国就业培训技术指导中心（CETTIC）自2013年8月31日起面向全国各省市，开始规范"企业教练师"职业标准，监督教练培训质量，对培训学员进行考核及颁证。来自全国各省市的十多家教练机构成为"中国企业教练联合会"的理事单位。该机构的使命是推动国内整个教练行业的健康发展。

此外，为更好地在全国范围内提升教练培训的质量、规范教练从业人员的操守，并对专业教练的水平和能力提供权威的考核和持续性监督，首信创智文化传播（北京）有限公司将与全国教练培训单位开展合作，所有符合人社部要求的签约机构名称、联系方式等信息，将上报人社部中国就业培训技术指导中心备案，这样全国范围内希望参加教练技术学习的学员就都可以在CETTIC官方网站上对培训公司资质进行查阅。目前，全国已有近二十家教练培训机构成为第一批签约单位。

企业教练技术在国内的兴起与发展引起了国内企业界、培训界及媒体舆论界的广泛关注。

2001年"21世纪企业教练发展论坛"在上海举行，标志着企业教练技术在中国已得到一定程度的重视和发展。从2004年开始培养专业教练到2006年教练技术进入IBM中国公司、云南白药、江铃汽车等，标志着中国的知名企业开始接受企业教练技术。2007年，无论是交通银行教练型组织与教练文化的导入，还是惠普中国区引入高管教练，都标志着世界先进的管理模式在中国进入了应用的快车道。2010年，一份《教练在中国》的联合调查显示，62%的受访企业正在使用教练，64%的企业计划未来增加对教练辅导项目的投资预算，正如《培训》杂志主编朱伟正先生所说："企业教练正成为培训行业中蒸蒸日上的新事业。"由《培训》杂志和佳煊企业教练机构联合主办的"第二届中国企业教练年会"于2010年9月在上海佳友维景大酒店成功举办。中国企业教练年会自2009年首次成功举办以来，吸引了大批知名企业的董事长、总经理、培训总监、人力资源总监及广大来自培训界及教练界人士的参与，聚集了中国最优秀的专业企业教练，展示了中国企业教练最经典的教练案例与成果，赢得了业界一致的关注与认可，已成为企业教练界最具规模和影响力的交流盛会。

教练技术在中国的发展主要有两条途径。第一条途径是许多在华跨国企业，如3M公司、摩托罗拉公司、Uilever公司，将其在北美或者欧洲的教练技术的经验和做法进行推广。这些企业都是较早使用教练技术的企业，它们重视将企业教练与绩效评估、企业重大决策和变化（如厂址迁移、公司重大改革）等联系起来。绩效考评采用360度的反馈方式有助于上级主管实现从"法官"向"教练"的转变。第二条途径是在以汇才人力技术有限公司、国际人才决策咨询公司、英国库比克斯管理咨询公司、新加坡教练联结、教练公司等为代表的外国管理咨询公司及其在大陆的子公司或办事处中推广教练技术，其中包括户外素质拓展训练、国际教练证书认证、九型人格分析、MBTI、360度绩效评估等。

第　二　章

教练领导能力

第一节　塑造权威形象

一、管理第一印象

人们通常很在意别人如何认识和评价自己，我们每年都花很多钱在服饰、化妆品、健身、减肥上，这样做的结果，不外是希望自己看起来更有影响力，或者说，更有吸引力。因为得到别人的关注，对自己大有益处，比如说：获得想要的工作，得到更好的绩效评估分，更高的工资，更快的提升机会。组织行为学把这种试图控制他人对自己形成的印象的过程，称为印象管理。

对于教练来说，管理好第一印象，给队员或客户留下美好的第一印象，对工作的开展有百利而无一害。

当然，并非所有人都善于并且喜欢做印象管理，但是善于做印象管理的人，多半都会非常注重第一印象，好的开始是成功的一半，越是雄心勃勃追求自我成功的人，越是会关注自己给别人留下的第一印象。

我们生活在一个"30秒文化"的世界中，也常常用30秒去评定某一个人带给我们的第一印象，并以此决定是否要与此人继续交往。而人是一种视觉占主导的动物，对别人的第一印象评价，往往在还未了解或正式与其交谈之前就已经开始了。

我们看一个人，首先会从他的仪容、仪表诸如年龄、性别、身高、体型、肤色、衣着、打扮、肢体动作等去判断他的社会地位、经济水平、文化程度、家庭教养、品行、老练程度等；其次，会根据与他交谈时他说话的声音、方式以及谈话的内容对"印象"进行补充；但最后，在人们脑海中印象最深刻的还是初次见面时的那一刻。基于人们习惯于这样用直觉去对人进行评价，所以如果你不在最初相见时就塑造良好的个人形象，那么日后你可能将会花更多的时间去修补自己的形象。

二、建设威信与树立权威形象

古人云：有威则可畏，有信则乐从，凡欲服人者，必兼具威信。

一个领导者，如果没有威信，那么，他就像挂在墙上的纸老虎一样，空有一副威严的样子，而没有威严的力度。威信是一种号召力、吸引力和非凡的影响力，是作为一个领导，使下级服从、信任以及追随的人格魅力。只有具备威信的领导，才能凝聚团队力量，并使整个团队所向披靡、无往不利。

（1）铁腕立威

如果新任领导所在的部门是一个缺乏秩序、散漫拖沓的组织，那么想要快速地建立起自己的威信，就必须采取铁腕般强硬的态度来树立自己的威信。

（2）以诚立信

威信并不是来自于权力，威信高不高，不在于领导者的权力大不大，而在于领导者是否给员工以信任感，是否具有自己独特的人格魅力。领导者若是连最基本的诚信与诚恳都做不到，那么，即使你具有再高超的管理艺术和管理智慧，都无法树立起较高的威信。

（3）以"爱"服人

如果教练只是高高在上地发号施令，没有真正的关爱、尊重和信任队员，队员的信服也只能"止于表面"。教练要"爱"队员，一方面要对队员有爱心、耐心和细心，尤其是要允许队员犯错误，并给予队员改正错误的机会；另一方面绝不能"溺爱"或者"纵容"队员，当队员的行为影响到团队管理制度的运行、团队秩序的维持时，教练应该采用恰当的方式提醒或者批评。

（4）以"德"服人

教练要具备良好的道德修养。德高为师，教练优良的品行与人格，不仅能发挥良好的示范作用，还能得到队员的敬重，并形成一种感染力和影响力。在团队管理过程中，以"德"服人意味着教练既能带头遵守并维护团队的各种规章制度，又能坚持民主作风，敢于批评和自我批评，公平公正地对待每一个队员。

（5）以"识"服人

一方面，教练在精通专业知识的基础上，须具有广博的文化知识，当教练在队员面前"上知天文、下知地理"时，不仅能满足队员的求知欲，还会让队员由衷地感到钦佩和信服。另一方面，教练要具有深厚的训练技术，训练课枯燥乏味的教练，永远不能让队员真正"折服"，因此不断提高自己的教练技术，也是教练树立权威的必要条件。

三、教练的人格魅力与其形象力的价值

教练是一项生命推动生命的工程，教练是一个灵魂唤醒另一个灵魂的工作。教练的工具是科学，教练的灵魂是道德。教练是一个非常考验道德的行业，也是锤炼道德水准的一份工作。越是高水平的教练技术与

工具，越需要高品质的职业操守与人格。而教练的人格魅力与形象力，也是教练非常重要的执教能力之一。

（1）中国国家男子篮球队前教练尤纳斯

尤纳斯在基本技战术体系中对球队的掌握，绝不仅停留在言语指挥的层面上，对细节苛求至极的做法以及以身作则的态度，才是"尤氏管理"的终极原则。

在广东队执教期间，尤纳斯也规定，球队出行乘坐大巴时，所有球员必须提前15分钟到场，哪怕晚1分钟都不行。即便如此，广东队没有一人敢有怨言，因为每当球员按时抵达等待大巴时，总能见到早到一步的尤纳斯。

（2）NBA布鲁克林篮网队主教练基德

"我是菜鸟，我从联盟最老的球员，变身成了菜鸟级教练，我对这样的挑战感到兴奋，我认为在布鲁克林，我们球队将有机会达成目标，成为一支拥有夺冠竞争力的球队，而我则期待成为这计划的一部分。"

基德的话虽短、意却长。他既谦虚地以菜鸟自居，又老辣地提出了自己的计划——成为拥有夺冠竞争力的球队。这是美妙的说法。

"我希望能将自己的经验分享给大家，比如无私、交流和态度。"在人们看不见的地方，从2010年起，基德就开始每天坚持写日记，钻研如何在不同的境况下指导球队，并且标注出自己的相关看法。

第二节　塑造领导能力

一、组织与领导

我们每个人都具有组织领导的潜在能力。因为每个人都要组建家庭，都要充当家长的角色，而家长就是家庭这个群体的组织领导者。其实，现在每个国家的组织领导者，都是在古代部落首领或氏族酋长的基础上发展演化而来的；古代的部落首领或氏族酋长，又是在人类原始群首领的基础上发展演化而来的；人类的原始群，其实就是一个原始家庭，原始群首领，即原始家庭的家长。

所以，当我们能充当"一家之长"时，即具有了一定的组织领导能力。企业的领导者就如同"一家之长"，需要时时组织领导企业的各种活动，就必须具备组织领导能力。

由"小家"推广到"大家"，其道理都是一样的。组织领导者所应具备的最重要的素质是：强烈的责任感和高度的自觉性。一个人只要有了责任感和自觉性，就会自动产生相应的组织领导能力。

二、塑造领导魅力

领导者影响他人的能力，就是他的权力。如果一个领导者具有相当的人格魅力，成为他人敬仰和模仿的对象，他就具有影响他人的"参照权"；如果一个领导者拥有丰富的专业知识，他就拥有了影响他人的"专家权"。

但"睡眠者效应"告诉我们：如果领导者只具有专家权，而缺乏参照权，那么便会影响专家权对被领导者产生的作用。被领导者的信念力可能因为一个事实是由他不敬服的领导者说出的，就会在心理上抵制他，拒绝相信他。

领导者要影响的不仅是被领导者的具体行为，还有被领导者的价值倾向和思想观念。这种影响的有效产生，不仅依赖于领导者所具有的职位权力，如奖酬权、强制权和合法权，而且更依赖于他所具有的个人权力，参照权和专家权就是两种最基本的个人权力。凭借这种个人权力，领导者不仅可以组织的名义对被领导者提出工作要求，而且还可以个人名义对被领导者的思想和行为产生积极的影响。但是，当领导者只有专家权而缺乏参照权时，他对被领导者的个人影响力就会大大减弱。反之，如果领导者深受人们的喜爱，那么即使他在知识方面有所欠缺，人们还是会热心支持他。

三、规划能力

规划能力是指通过对工作任务的整体分析，制订周密的工作计划，恰当合理地配置与整合资源，以实现组织的发展目标。具体而言，统筹规划包括以下要素：

（1）整体规划

能够基于组织战略、具体工作以及相应的目标要求，对内外部资源进行全盘考虑，理清内外部利益相关方的关系。

（2）预见问题

能够采取有针对性的预防措施，为可能出现的突发事件准备应对预案，将意外事件带来的影响最小化。

（3）制订计划

制订系统全面、弹性可调、切实可行的工作方案，将目标转化成可执行的具体完成标准，并做出相应的时间安排。

（4）轻重缓急

根据事务的重要性和紧迫程度，对现有资源进行优化和统筹配置，优先处理重要紧急的工作，确保要事、急事第一。

四、影响力

人们很容易把影响力与权力相混淆。权力是指一个人因为某种地位和素质而获得的一种力量，这种力量可用来影响别人，使别人根据他的劝告、建议和命令办事。而影响力是指一个人在与他人的交往中，影响和改变他人心理的能力。影响力不是领导人所独有的，普通人都具备影响他人心理和行为的能力，只不过领导者的影响力是领导者根据组织目标影响他人心理和行为的能力，在组织里表现得更为突出。影响力是一个领导者有效实施其领导权力的重要因素。领导影响力大，则在下属心目中的威信就高，能够达到"一呼百应"的效果；反之，领导在下属心目中的威信低，就难以做到令行禁止。领导者的影响力包括两类，即权力性影响力和非权力性影响力。这两种影响力产生的基础和在领导过程中发挥的作用也是截然不同的。

五、人际交往能力

人际交往能力很容易理解，就是跟人打交道的能力，包括上级、下级、平级、客户、合作伙伴，等等，人际交往能力大致等同于情商。在当今社会生活中，并不是只有专职公关人员才需要具备公关社交的素质。一个人不论在社会中从事何种职业，都需要有处理各种社会关系的能力，需要有和各种对象合作的能力。因为现代社会已经成为一个"关系"社会，几乎每一件事都离不开各种人际的或社会的"关系"。要理顺各种关系，连接各种有利关系资源，并和各种关系合作、协调好，就必须具有良好的人际交往素质和能力。正如一位阿拉伯哲人所说："一个没有交际能力的人，犹如一艘陆地上的船，永远也不会漂泊到人生大海的彼岸。"

六、包容力

"人非圣贤，孰能无过"。很多时候，领导者需要宽容，不管是对自己还是对下属，都不要过于苛求，宽容不仅是给别人机会，更是为自己创造机会。《管子·形势解》中言道："海不辞水，故能成其大；山不辞土石，故能成其高；明主不厌人，故能成其众。"大凡善用人、易成事者必有豁达大度之心，而具备这种个人特质的管理者才能得到员工的敬佩。

现代企业组织中的管理者也是如此，一定要能够以宽广的胸怀，给予员工宽容与包容；一定要能够以"心理咨询师"的身份，敞开心扉，真正倾听下属的心声，感受他们的工作与生活，从而给予他们更多的理解与支持，而不是"以牙还牙""睚眦必报"。作为管理者只有与下属实现了"心与心"的沟通，各种"问题"才能"浮出水面"，才能使员工和自己一条心，这本身也是管理者包容力的一种体现。

第三节　提高领导能力

一、构建清晰愿景

所谓愿景，就是能够创造一个足够清晰、足够辉煌、足够吸引他人追随、对未来希望看到的一种理想图景。阿尔德认为，愿景是完全存在于一个人的内心世界中的，它是可以描述，也可以传达的。也就是说，一个人对未来的愿景对于他们来说是真实的。愿景不同于意愿，意愿只代表一种目标，是人对未来的一种向往，从某种意义上说，意愿只是单方面的幻想。而愿景则是对目标的形象化，同时也是对实现目标过程的形象化。比起意愿，愿景能够实现的可能性更大。

现在的职场是一个日益高新的战场，企业与企业之间的竞争，其实就是企业员工与员工之间的竞争。一个企业能否保持高昂的发展势头，关键是看这个企业的团队是否有凝聚力和向心力，而有共同愿景的团队显然能够更加团结向上，为企业的发展贡献力量。

二、理解组织与个人的关系

德鲁克强调："个人发展得越好，组织也会取得更多的成就，反之亦然。"可见，组织成员与组织之间是互利互惠、相辅相成的依存关系。我们既要强调前者对于后者的贡献，更要重视后者对于前者的培养，个人与组织的关系就像鱼与水一样，相互给予，不可分割。

现在的资深经理人都深知其中的真谛，当企业优良的文化不断提升，实力不断增强时，作为个体的员工也会获得愈加广阔的发展空间。正因为如此，作为企业成员的每一个人都要把自己视为企业的主人，都要无条件地热爱本职工作。企业也要善待自己的员工，无论企业取得多大的成就，都不能漠视其中任何一位哪怕是最为普通的劳动者。

组织与个人的这种关系是由他们共同的利益决定的，他们有着共同的竞争对手与最终利益。从这个意义上来讲，"利益是永恒的"这句话堪称真理，只有当个人与组织脱离关系时，他们才能从共同利益中游离开来。

三、理解组织与个人的目标

任何组织都要以总目标统率分目标，分目标、个人目标要服从总目标，即部分服从整体，小局服从大局，同时还要兼顾分目标和个人目标，它是实现总目标的具体目标。任何组织或管理系统都应有明确的目标，目标不确定，或者混淆了不同的目标，都必然会导致管理的混乱。任何管理活动都必须把制定目标作为首要任务。

首先，组织目标为组织与成员的考评提供了主要依据，根据这些依据又反过来使各部门、各成员都有了正确的工作方向与准绳，组织目标对组织与成员具有激励和鞭策作用。组织中各部门和各成员能否积极向上地工作，要看其目标是否正确、明确并具有挑战性。否则，就会像大海中的一叶孤舟，迷失航向。组织目标确立以后，各部门和各成员都有了工作的依据，并能根据目标来自我控制、自我引导，使整个组织自动地运转起来。

其次，组织目标可以为管理者运用人、财、物等资源提供依据和标准。对一个组织进行管理，离不开计划和控制。而组织目标与计划和控制工作有着紧密的关系，计划是为了达到既定的组织目标而制订的，而控制过程则是以计划为依据的。

四、规划与执行

计划的重要性不言而喻。越是复杂庞大的工作，越是需要详细的计划，这是高效达到目标的前提，也是衡量工作进度并做出相应调整的标准。个人同样也需要制订计划，否则没有目标就会被很多要紧而不重要或者根本就没意义的事情牵着鼻子走。希望我们团队每个成员都给自己制订一个短期的计划，同时每天要计划首先把重要的事情完成。

执行，就是想到、说到、做到。执行力直接决定计划是否能有效完成。大部分项目，赢在执行。相信不少人都计划过，每天背五个或者十个单词，或者每天看一页英汉词典。但计划好后，执行一段时间，就放弃了，之前背的也会忘记，最终没有任何成果。其实这些计划中每天执行的工作量是比较小的，难度也不大，就是执行力不够。大家可以随便算一下，就算这么低难度、小工作量的事情，如果执行到位了，成果也是非常巨大的。所以当我们整个团队十多个人专职做一个项目的时候，如果执行力能够保证，那我们的力量会是非常强大的。

五、适当冒险

任何决策的本身都有一定的风险性，而创新决策的这个特点更为明显。如果没有敢于承担必要风险的气魄和精神，决策者就根本不会做创新决策，而只能是以"照葫芦画瓢"的思维进行决策。只有敢于承担必要的风险，决策者才能勇于探索事物的矛盾，把握事物发展的脉搏，思索于事物之中，而不是游离于事物之外。这样才能大胆地运用自己丰富的想象力和预见力，去落实那些不是那么四平八稳却有新意的决策。

第四节　提高职业素质

作为教练，其最重要的职责就是帮助被教练者获得提高。优秀的教练应具有较专业的心理、医学、营养和运动技能知识，为被教练者提供科学的指导。教练不仅要有良好的沟通能力、职业道德，还要热爱职业，处处考虑到被教练者的需要。

每个职业都有其特性，教练职业也是如此。教练专业素养的好坏直接影响着被教练者的兴趣和效果。因此教练只有具备了良好的素养才能在专业领域站稳脚跟，才能成为这一领域的常青树。那么教练应具备哪些职业素质呢？

1.教练应具有广博的文化知识和完善的专业知识体系

任何一个运动训练动作内容的背后都包含着科学的理论，所以作为教练要不断学习和掌握各种知识完善自己的知识体系，以确保在训练中为被教练者提供科学的指导。教练所需掌握的知识可分为两大类，第一类是基础理论，它包括人体解剖学、人体生理学、体育保健学、运动生物力学、运动生理学等；第二类是专业理论类，包括科学化运动训练教程、运动创伤预防、教练的沟通技巧、教练事业及形象建立课程以及各种最新流行的训练课程等。只有具备了广博和完善的知识体系，在训练中才能游刃有余。

2.教练应具有扎实的基本功和科学的训练方案

教练的基本功包括两方面，一是动作示范，无论是单个动作还是成套动作都要做到准确优美、干净利落。优美的示范动作能给学员以美的感染，调动其积极性，激发学员参加训练的热情。二是口令和讲解，口令是语言表达的精华，教练的动作提醒、要领传递、错误纠正都包含在口令里。所以作为教练在训练的指导过程中，口令要清晰干脆，表达明确，节奏要准确合理且要具有鼓舞性和激励性。科学的训练体现在训练方案的科学性上，作为一名教练，应具有科学编排的能力。要根据被教练者的实际情况制订出具有针对性、实效性、科学性和安全性的训练计划，使被教练者能够最大限度地达到锻炼效果。

3.教练应具有良好的敬业精神和高尚的道德情操

各种职业都要求人们具有与该种职业相适应的道德。教练要面对不同类型的被教练者，应该明确自己的任务就是要始终保持最佳状态，用自己的理论及技术实践和高尚的情操为被教练者服务。

4.教练要有强烈的服务意识

一个敬业的教练在课前必须对学员的身体状况有全方位的了解，在训练的过程中还要根据被教练者的适应状况和体质的变化及时调整训练方案，对于一些在训练过程中不能正确掌握训练动作的人要及时地为其纠正错误。

5.提高上课的质量

这包括训练课程的规律、上下课时间的准时、课前做好充分的准备等要求，做到每一节课安全有趣，让学员有成就感，并可以学到一定的专业知识。

6.勇于承担责任

在帮助学员实现他的目标过程中有时会出现一些问题，在考虑学员具体情况后，如果感到自己可能无法非常有效地帮助这位学员时，那么一个有责任心的教练会主动帮助这位学员去寻求更多的援助，并推荐更合适的教练。

7.教练应具有独特的个性魅力和良好的沟通能力

个性魅力是一个人的人品与才艺的集中体现，教练的个性和职业道德对提高学员的训练效果有举足轻重的作用。独特的教学风格、生动活泼的教学氛围会让学员在辛苦的锻炼过程中品尝无穷的乐趣。作为教练应具有良好的个性、独特的教学训练风格、淋漓尽致地诠释自我的能力，才能吸引和感染每一位学员。良好的沟通能力是各项工作顺利进行的保障。

第五节　与企业和机构合作

　　教练和企业、机构的合作，其实就是企业教练技术的外延应用。企业教练技术是指衍生于体育，将体育教练过程中的理念、方法、技术等应用到企业管理实践中而产生的一种全新的企业管理理论、方法、技术。

　　企业教练技术源于20世纪中后期的美国，经过二十多年的发展，教练技术已成为欧美企业家提高生产力的有效管理技术。企业教练技术对于企业的发展作用巨大，有利于加深员工对于团队目标的理解，有利于提高员工服务的自主性，有利于企业文化的建设，从而提高企业的竞争力。

　　教练与企业、机构的合作，主要目标就是要为企业、机构达到如下效果：

　　第一，清晰员工或团队的目标，协助订立业务发展策略，提高管理效益；

　　第二，激发员工的潜能和创意，提升解决问题的能力，冲破思想限制，创造更多的可能性；

　　第三，使员工的心态由被动待命转变为积极主动，素质得以提升；

　　第四，把所有的能量都集中在团队的目标上。

第六节　寻求职业生涯的成功

　　获得职业生涯的成功是个人职业生涯追求目标的实现。对不同的人来说职业的取向不同，成功的标准不一样。对于同样的人在不同的人生阶段也有着不同的含义。成功是一个抽象的、不能量化的概念，成功意味着什么？有的人将获得社会地位和社会名望的职业称为成功；有的人把勤奋努力工作，取得成绩称为成功；还有的人以由于自我的存在帮助他人称为成功。

　　作为私人教练，要想获得职业生涯的成功，可以从以下几方面着手：

　　1.设计自己的蓝图

　　美国著名的成人教育家、成功心理学的开创者戴尔·卡耐基原本是一个极其普通的人，他出生于一个并不富裕的农民家庭，从小就要帮助家里放牛、做杂务。生活的贫困也曾使卡耐基一度自卑，但在母亲的鼓励下，卡耐基很快觉醒，并以坚韧的奋斗精神去读书求学，最终改变了自己的命运。

　　在大学期间卡耐基为了赚取学费，经常给人家打工。毕业后，卡耐基做过推销员，学过表演，这些经历锻炼了他的口才和实用交际能力。为了实现他当一名作家或演说家的梦想，成就一番伟大的事业，他决心白天读书写作，晚间去夜校教书。为了教好演讲课，卡耐基学习了很多著名社会学家、心理学家的相关著作，阅读了很多社会生活问题的资料，如报纸信箱问答、法庭记录、各类杂志，翻阅了各个时代伟大人物的传记，终于写出了一本旨在启发帮助人们开发潜在能力，全面提高人的素质的著作《人性的弱点》和《语言的突破》。并成立了卡耐基学院，帮助了很多人获得了成功。

正是卡耐基有明确的生活目标，并设计好自我发展的蓝图，再加上他不断进取、改变命运的力量，使他获得了成功。如果卡耐基过分在意自己的出身，不能克服自卑心理，他是决不能创造出这么辉煌的业绩的！卡耐基给我们的又一个启迪是：即使你是一个很普通的人，但只要你有良好的、积极的心态，视自己为一个有价值可开发的人，认准目标，不断进取，就一定能够获得无数自我发展的机会，并创造出辉煌的业绩。

2.保持积极的心态

著名模特彭莉，中学毕业后去香格里拉饭店应考服务员，报名的人很多，竞争异常激烈，要经过笔试、面试英语等几道关卡。笔试过后，彭莉担心自己笔试成绩可能不好，会被淘汰，便壮着胆子直接找到外方总经理，用英语做了自我介绍。总经理听了她的介绍，眉头一皱说："你只会这么一点英语？"彭莉微笑说："总经理先生，您的中国话不也是只会这么一点吗？您可以在这里做总经理，我当然也可以当个服务员！"总经理一时语塞，并大笑，当即拍板录用了她。但彭莉却并不满足舒适的工作环境和优厚的报酬，而是渴望从事有所创造、富有魅力的工作。不久，彭莉又带着柔美的微笑、俊逸的风韵从千余名应聘者之中考上了北京时装表演队，又一次次在众多竞争者中脱颖而出，终于获得国际模特大赛冠军。

良好的心理素质和与众不同的表现方式使彭莉迈出了人生成功的第一步；保持积极的心态和不安于现状的进取精神，使彭莉发现了自己的潜能，并确定了人生的目标；将自己的潜能得以开发并淋漓尽致地表现出来，是彭莉获得巨大成功的关键。

3.具备优秀的管理才能

美国现代超级企业家艾柯卡，大学毕业到福特汽车公司当了一名见习工程师，但他对技术工作没有兴趣，便争取当了一名推销员。不久他发现自己搞推销很有活力，因而很快得到晋升。20世纪70年代他当上了世界第二大汽车公司福特公司的总经理。不料七八年之后，董事长突然解雇了他的职务。他没有倒下去而是接受了一个新的挑战，到濒临破产的克莱斯勒汽车公司出任总经理。他大刀阔斧地进行企业整顿和改革，加强科学管理，又舌战国会议员，说服政府官员，争取到巨额贷款，终于重振企业雄风。5年后公司还清了9亿多美元的债务，一年后又宣布赢利24亿美元，艾柯卡取得了令世界惊奇的成功。

艾柯卡是怎么使一个濒临破产的企业起死回生，创造奇迹的呢？从《艾柯卡传》中我们可以发现："如果要用最简短的话来概括优秀管理者的才能，那就是一切要靠善于决断、善于与人打交道。"艾柯卡就是靠他优秀的管理才能取得了令人惊奇的成功的。

4.掌握自信的法宝

世界著名指挥家小泽征尔，在一次世界指挥大赛的决赛中，按照竞赛委员会指定并交给他的总谱指挥乐队演奏时，发现有不对的地方，起初他以为是个别的演奏员演奏出错，就停下来重新演奏，但仍不如意，于是小泽征尔通过思考向评委们指出总谱的问题。但在场的作曲家和评委会的权威人士都一致否认总谱有问题，而认为是小泽征尔的感觉错误，请他找出自己指挥出错的原因，并继续指挥乐队演奏。当时的小泽征尔只是一个参赛者，尚未成为世界级指挥家，与评委发生冲突，结果可想而知。但小泽征尔忠于艺术，不考虑个人得失，只是稍加思考，面对一批音乐大师和权威人士大吼一声："不，一定是乐谱错了！"语音刚落，评判台上立刻响起了热烈的掌声。原来这是组委会精心设计的"圈套"，以此来考察指挥者全面的素养及态度。看参赛者能否发现乐谱有错误，如发现又遭到权威人士"否定"的情况下，能否坚持正确的判断。前两位参赛者虽然也发现了问题，但终因趋同权威而遭淘汰。小泽征尔因自信、坚定，最终摘取了这次指挥大赛的桂冠。

心理学家发现，只有自信的人才会迈向成功。人，只有在自信的状态中才最聪明、能干和坚韧不拔；才具有主观能动性和创造精神；才具有应变能力，在无路的"山前"踏出一条成功之路来。

总而言之，要想获得职业生涯的成功，首先得有一个对未来的设计蓝图，还得有积极乐观、自信的心态，其次还得拥有一定的管理才能。做到以上几点，就一定会实现职业生涯的成功。

雄关漫道真如铁，而今迈步从头越！愿每一位教练的未来会更加的辉煌！

第 三 章

教练过程

第一节　建立信任

一、自我管理

所谓自我管理，就是指个体对自我本身，对自我的目标、思想、心理和行为等表现进行的管理，体现为自己把自己组织起来，自己管理自己，自己约束自己，自己激励自己，最终实现自我奋斗目标的一个过程。

作为教练员，自我管理是职业追求的最高境界，自我管理要求教练员必须忘我地投入，坚守目标，克制欲望，为团队目标的实现全力以赴。

德鲁克曾经说过，管理者必须有效。如何才能做到？我们认为只有实现自我管理的管理者才能真正做到。其实，时间管理、计划管理、压力管理、情绪管理、冲突管理、沟通管理、自我激励大都属于管理者自我管理的范畴，只有那些能够很好进行自我管理的教练员，才能真正成为优秀的教练员。

二、保持目标清晰

教练员制定的目标必须清晰可行，一定要符合客观实际，经过努力能够实现。要使相关方感到，这个目标通过努力可以达到，既让人充满信心，又不敢掉以轻心。只有这样的目标，才具有较大的激发力。

目标对成功的影响是不言而喻的，爱因斯坦说："在一个崇高目标的支持下，不停地工作，即使慢，也一定会获得成功。"为了激励自己，有些人往往只设立了长远的目标。殊不知，在向目标前进的过程中，由于缺乏持久的意志力，人们往往半途而废。歌德说："每走一步都走向一个终于要达到的目标，这并不够，应该每一步就是一个目标，每一步都自有价值。"在现实生活中，我们不仅需要制定目标，而且需要将目标细化，即把大目标分解为一个个的小目标。

如果说人生是一艘帆船，那么目标就是那座点亮的灯塔，它为我们提供动力，给我们指引方向。在通向彼岸的路上，时而惊涛骇浪，时而狂风乱作，唯有意志坚强的人才能向着目标挺进。

福特·亚特金逊是美国威斯康星州下属的一个区域，当地的"琼斯仔猪香肠"非常有名。琼斯是该香肠的创始人，他的人生并非一帆风顺的。

最初，琼斯是一个地地道道的农民，经营着一个农场。尽管农场的收入不怎么样，但还足以养家糊口，琼斯一家的日子过得还算安逸。然而好景不长，这种安逸的生活状态很快被打破了。

突然有一天，琼斯浑身不舒服，继而不能动弹。琼斯被家人送往医院后，医生对他进行了全面的检查。经过确诊，医生告诉他的家人说，琼斯患了全身麻痹症，从此只能躺在床上挨日子。

得知这个消息后，亲戚们都认为琼斯只能拖累家人了，然而事实并非如此。琼斯得知自己的病情后，并没有因此绝望，反而为生活制订了详细的计划，并把计划告诉家人。他的计划如下：

第一，种玉米：对农场的土地进行筛选，适宜耕种的地块种植玉米，以其作为猪饲料；第二，养猪：在农场的其余地段修建猪圈，购买良种猪进行饲养；第三，做香肠：当猪长到一定阶段，猪肉还幼嫩的时候，杀猪做香肠。第四，创建品牌：为了打造属于自己的品牌，需要创设一个自有的品牌，并进行注册。第五，销售：香肠一经包装，贴上商标，广开门路，进行销售。

琼斯对家人说："虽然我身体瘫痪了，不能亲自实施既定的计划，但是我还有你们，只要你们愿意，你们完全可以帮我完成这项计划。倘若我们齐心协力，我们一家人的生活就不至于恶化。心动不如行动，让我们一起行动起来吧。"

听了琼斯的话，家人非常激动，并积极动起手来，最终做成了香肠。令家人喜出望外的是，香肠一经生产，就销售一空。为了满足民众的需求，家人按照琼斯的建议改进了香肠的生产技术。数年之后，由琼斯提出，由他家人生产的"琼斯仔猪香肠"成了当地民众生活的必备食品。毫无疑问，琼斯一家的生活愈来愈红火。

琼斯身残志坚，为了不拖家人的后腿，他积极思考，制订了明确的生活计划，最终使家人过上了富足的生活。

目标是一个人的精神支柱，这一点是毋庸置疑的。对人生而言，光有一个总的目标是远远不够的。因为，在通往成功的路上，充满了戏剧性，一个人难免会碰到困难，遭遇挫折。这时，一个具体而清晰的目标就显得十分重要，它能激励人们继续向前进。

罗斯福是美国第31位、第32任总统。20世纪初，他为自己设立了一个伟大的目标，即当选为美国总统。在这个目标的驱使下，罗斯福在美国的政坛上坚持了下来。

1910年，罗斯福被选举为美国纽约州的参议员。1913年，罗斯福担任了威尔逊政府的海军部助理部长。当时，美国的海军力量不足以与外国抗衡。任职后，罗斯福全面进行海军建设，不仅满足了作战的需要，还保护了该国海外贸易的合法权益。

1920年，罗斯福出任民主党副总统候选人。出乎意料的是，罗斯福在最后的角逐中失败了。不过，他并没有气馁，而是继续朝着目标迈进。

1921年，39岁的罗斯福患上了小儿麻痹症，医生甚至断言他有可能失去行走能力。面对这样突如其来的事情，一般人往往会失去活下去的信心。与之相反的是，罗斯福不仅没有被病魔压倒，反而制定了重新站起来的目标，为此他每天需要练习爬行。这项练习看似简单，但是对于身患疾病的罗斯福来说，是何等的艰难。每次爬行时，罗斯福都会邀请家人和仆人前来观看，以便监督自己。最初，罗斯福的爬行速度很慢，甚至连刚会走路的儿子都追不上。然而，罗斯福不仅没有放弃，反而爬得更勤快了，而且一爬就是数个钟头，常常练习得汗流浃背。经过7年不间断的练习，罗斯福创造了奇迹，他居然可以站起来了，而且可以站立1个钟头，这在医学界是从来没有遇到过的事情。在接受记者采访时，罗斯福的妻子说："为了重新站起来，他从来没有放弃过。每天看着他爬行，我心如刀绞。为此，我曾多次劝说她，但他仍旧固执己见，一再坚持。如今，他站起来了，我替他高兴。"

1928年，罗斯福取得了纽约州州长竞选的胜利。

1932年，罗斯福击败前任总统胡佛，以绝对支持率当选为美国第32任总统。任职期间，罗斯福采取了一系列有利于工农业发展的措施，使美国的经济开始好转。在1936年、1940年、1944年连续三次的总统选举中，罗斯福的支持率一再攀升，连续击败共和党候选人，三度当选为美国总统。

在疾病面前，罗斯福不仅没有忘记当选总统的大目标，还以重新站起来的小目标激励自己，每天练习爬行。最终，罗斯福站起来了，不仅当上了美国总统，而且还是美国历史上唯一三连任的总统。

第二节 加强沟通

一、非语言沟通

非语言沟通，是指人们之间除了运用口头语言和书面语言进行沟通外，还运用其他的方式，如眼神、手势、表情、触摸等进行沟通。学术界把这种类型的沟通称为"身体沟通"。

作为一名领导者，了解和掌握非语言沟通技巧，并能恰当地将之运用到实际工作中，不仅有利于领导工作的开展，还可以促进人际关系的和谐。

1.良好的面部表情

表情，既是心理的一种反映，也是人性的一面镜子。对于管理者来说，具有良好的亲和力是至关重要的，而亲和力的营造离不开和蔼可亲的表情。通常来说，具有良好表情的管理者，能让下属如沐春风，让下属愿意接近；相反，如果对下属总是冷若冰霜，一脸的严肃，下属也会对其敬而远之。

2.恰当的身体动作

在人际交往中，人们的口头沟通经常要借助于各种动作。动作就是我们常说的体态语言，包括身体姿态、手势、人体触摸等。对管理者来说，掌握不同的体态语言是与他人顺利沟通的重要保证。

3.适当的空间距离

人在文明社会中与他人交往而产生的关系，其远近亲疏都可以用空间领域的距离大小来衡量。按照美国的爱德华·T.霍尔教授的划分，人际距离一般分为四个区域：亲密距离、私人距离、社交距离和公共距离。又根据心理学上的刺猬效应，即刺猬在天冷时彼此靠拢取暖，但互相保持一定距离，以免出现刺伤的现象。将此现象放在管理实践中就是，领导者如果要搞好工作，应该与下属保持"亲密有间"的关系，即为一种不远不近的恰当的合作关系。

二、语言沟通

在沟通过程中，常常会遇到一些矛盾的、顾此失彼、难以两全的情况，让人处于两难的境地。例如，我们常会碰到下列情景：既想拒绝对方的某一要求，又不想损伤他（她）的自尊心；既想吐露内心的真情，又不好意思表述得太直截了当；既不想说违心之言，又不想直接顶撞对方；既想和陌生的对方搭话，又不能把自己表现得太轻浮和鲁莽……凡此种种，难以一一列举。但概而言之，都是一种矛盾：行动和伤害对方的矛盾，自己利益和他人利益的矛盾，自己近期利益和长远利益的矛盾。

为适应这些情况，便产生了各种各样的语言表达艺术来缓解这些矛盾。这种表达的语言艺术从表面上看，似乎违背了有效口头表达的清晰、准确的要求，但实际上是对清晰、准确原则的一种必要补充，是在更全面地考虑了各种情况之后的清晰和准确，是在更高阶段上的清晰和准确。

语言艺术的具体方法因人、因事、因时、因地而异，没有绝对的适用任何情况的方法。

三、沟通障碍及应对

1.导致沟通障碍的因素

（1）人为因素

① 有选择性接受

有选择性接受是指人们根据自己的兴趣、经验和态度而有选择性地去解释所看到和所听到的信息。人们总是拒绝或者片面地接受与他们期望不一致的信息，在解码的时候，接受者还会把自己的兴趣和期望带到信息之中去，研究表明：人们往往选择听或看他们感情上能够接受的东西，或他们想听和想看的东西，甚至只愿意接受中听、拒绝不中听的东西。

② 情绪

在接受信息时，接受者的感觉也会影响到他对信息的解释，一个人在高兴和痛苦的时候，会对同一信息做出截然不同的解释，极端的情绪更可能阻碍有效的沟通。例如唐太宗时期的宰相魏征每次讲完话后，唐太宗都要出去散步。

③ 沟通的技巧

运用沟通技巧的不同，也会影响沟通的效果，比如有的人擅长口头表达，有的人擅长文字描述，所有这些问题都可能会妨碍有效沟通。

（2）人际因素

人际因素主要包括沟通双方的相互信任、信息来源的可靠度和发送者与接收者之间的相似程度。

信息传递不是单方面，而是双方面的事情，因此，沟通双方的诚意和相互信任至关重要，上下级之间的猜疑会增加抵触情绪，减少坦率交谈的机会，也就不可能进行有效的沟通。

信息来源的可靠性由下列四个因素所决定：诚实、能力、热情和客观。有时候信息的来源可能不同时具备这四个因素，但只要信息的接受者认为具有即可。可以说信息来源的可靠性实际上是由信息接受者的主观决定的。

沟通的准确性与沟通双方间的相似性有着直接的关系，沟通双方特征的相似性影响了沟通的难易程度和坦率性，沟通一方如果认为对方和自己很接近，那么他将比较容易接受对方的意见，并且达成共识。相反，如果一方视对方为异己，沟通将很难进行下去。

（3）结构因素

结构因素包括地位差别、信息传递链、团队规模和空间约束四个方面。

地位的高低对沟通的方向和频率有很大的影响。地位的悬殊越大，信息越趋向于从地位高的流向地位低的。事实表明，地位是沟通中的一个重要障碍。

信息连续地从一个等级到另一个等级时所发生的变化，称为信息链传递现象。一般来说，信息通过的等级越多，到达目的地的时间也越长，信息失真的可能性则越大。

当工作团队的规模较大时，人与人之间的沟通也相应地变得较为困难，这部分的困难由于沟通渠道的增长大大超过人数的增长。

企业中的工作常常要求员工只能在某一特定的地点进行操作。这种空间约束的影响往往在员工单独于某位置工作或在数台机器之间往返运动时尤为突出。空间约束不利于员工之间的交流，限制了他们的沟通。一般来说，两人之间的距离越短，他们交往的频率也就越高。

（4）技术因素

技术因素主要包括语言、非语言暗示、媒介的有效性和信息过量。大多数沟通的准确性依赖于沟通者赋予字和词的含义，同样的词汇对不同的人来说，含义是不一样的。年龄、教育和文化背景是三个最明显的因素，他们影响着一个人的语言风格以及他对词汇的界定。每个人表述的内容常常是由他独特的经历、个人需要、社会背景决定的，因此语言和文字极少对发送者和接受者双方都具有相同的含义，所以经常造成沟通的障碍。

2.应对沟通障碍的策略

（1）倾听

你是否曾遇到过这种情况：有人用迟钝的目光看着你，却一心一意地想着自己接下来要说的台词，一点儿都没听进去你所说的话，并且时不时地打断你，提些与主题毫不相干的问题。或者有些管理者会告诉你说："如有问题，随时来找我。"然而，当你真的约好去见他时，他却毫不客气地跟你谈论起他自己的事。当遇到这些情况时，我们会发现沟通是困难的，那么如何进行一次愉快的谈话呢？戴尔·卡耐基说过，如果希望成为一个善于谈话的人，那就先做一个注意倾听的人。

（2）演讲

演讲是演讲者在特定的时间、环境中借助有声语言和态势语言的手段，面对听众发表意见，抒发情感，从而达到感召听众的一种现实的、带有艺术性、技巧性的社会实践活动，通过这种实践活动将演讲者的目的传递给听众。

四、提高洞察力

富有魅力的人的一个与众不同的智力优势是他们能估计形势，看透人的心思，并且比一般人更能获得深入的了解。各种敏锐的洞察力之所以富有魅力，是因为它们可以帮助人们捕捉发展趋势，诠释事件，而人们自己可能看不到这些。因此，拥有敏锐的洞察力非同一般。

洞察力的一个主要优点是它能帮助另一个人更为清楚地了解情况，包括他或她自身不符合逻辑的思维。那个人常常会因此而感激你，而且由于你所起的促成作用，他会对你产生好感。

另一种取得能够加强魅力的洞察力的方法是深刻解释所反馈的信息。一般人会就事论事地接受所反馈的信息，而富有魅力的人可能会从中挖掘出更多的意义。

下面的方法有助于提高洞察力：① 当你收到反馈信息时，问问你自己："这对我一贯的做法有没有意义？"② 当你观察一般的新闻事件或者与生意有关的事件时，问问自己："这一消息对我工作的意义何在？"③ 当你从本公司的人那里获得含糊其辞的消息时，问问自己："这个人想告诉我什么？"④ 当在家里或在工作中出现问题时，问问你自己："这是一个偶然事件还是一个警钟？"（假定你丢了钥匙，想一想这样的事情以后是否可能永远也不会发生了，抑或它意味着你需要一个放置钥匙的固定地方？）⑤ 当你从事商业活动或者进行娱乐时，问问自己："在这一活动中，导致成功的主要因素是什么？"（例如，一家室内网球运动俱乐部要设法吸引能在白天参加俱乐部活动的初学者，比如像家庭主妇和退休人员。）⑥ 在获得惊人的深刻见解以后，记住要与他人分享，以此来提高你的魅力。

五、有效沟通的技巧

世间万物皆不相同，运动员也一样，各有其个性。在与运动员沟通时，教练所采用的方法应该因人而变，灵活多样。

充分了解运动员的个性特点，选择恰当的沟通方法，力求达到预期的沟通效果，从而把运动员教育成对国家和社会有用的人才。对此，教练就要努力探索，掌握沟通技巧，更新训练观念，以求教而有果。同时还可以让师生关系得到和谐发展。那么，具体该怎样去做呢？以下是有效沟通的几个原则：

1.平视的态度

交谈的姿态一般有"俯视""平视""仰视"等，不同的姿态会有不同的效果。在我国传统文化中，一贯强调教练的强势地位，所以，教练在与运动员沟通时也往往高高在上，"俯视"着运动员，这样做就是一种不平等，也很难取得良好的沟通效果，且在现代社会已经行不通了。所以，目前最合适的姿态就是"平视"，只有教练以"平视"的姿态和运动员沟通，才能拉近师生的距离，提高沟通的质量。

2.找到病源，对症下药

对于问题运动员，只有找到问题所在，才能有效沟通，否则就会事倍功半，甚至一无所获。

问题运动员会有旷课、迟到、训练时爱说话以及喜欢搞小动作这些问题，有些运动员还爱与教练对着干，故意找茬。对此，教练要找到病因，与他们沟通时做到对症下药，这样才能够治好。

例如，有的运动员之所以这样，是由于家庭的原因，如父母不和、离婚等，与这类运动员沟通就应该采用有爱的方式；有的运动员则可能是结识了社会上的不良朋友，受到了不良影响，在和他们沟通时，就要采用说服教育的方式。

3. 相信学生的潜力和价值

美国有位著名的心理学家、咨询专家认为培育良好关系的一个重要因素就是接纳他人。每一个运动员都是值得教育的，都是有价值的，教练要有这样的信念，并要想尽一切办法让运动员也有这样的信念；尽力促使你的运动员相信你，即便你不认可他们的某些行为和想法，甚至需要改变他们，但你依然要相信他们是一个有潜力和价值的人。始终无条件地相信运动员自己有变好的可能性，而不是要求他们先改正错误，变得完美，然后才接受他，这才是真正的认同接纳他们。

4. 互换立场、角度想问题

教练要通过互换立场、角度的方式来了解对方的思想特点、行为特征，使双方彼此了解，消除差异，互补互动，从而使双方变得和谐与协调。

现实中，由于教练和运动员所扮演的角色不同，看问题的方式也必然不同，这些都是沟通的障碍。假如师徒双方能够通过一定的情境活动角色互换，让彼此体验一下对方的思想、行为，那么双方就会更加了解，也多了很多沟通的基础，容易产生共鸣。总之，互换立场、角度，"换位思维"，对师徒沟通非常有效，教练要重视这一点。

5. 以诚待人，尊重对方

教练必须明白这样的观念：运动员和教练在人格上是绝对平等的，没有高低贵贱之分，作为"人"都必须受到尊重。因此教练尊重运动员要和尊重来家拜访的客人一样，要以礼相待、热情周到。

假如真的这样，师徒间的沟通就会畅通无阻、和谐融洽了。教练要公平公正地对待每一个运动员，对所有运动员一视同仁，不诋毁运动员的品性与人格，重视和尊重运动员的人格，这样才能赢得全体运动员的尊重和爱戴。

人是社会性动物，渴望温暖，恐惧孤独，师徒同样如此。若不能以诚待人，尊重对方，那么彼此就会产生隔阂，变得冷漠，从而导致每个人都戴上一副假面具，且需要花费很多的精力来掩饰真正的自己；同时还会让双方都焦虑不安、疲惫不堪、烦躁、恐惧，过上一种不健康的生活。

因此，在工作、生活中，教练能用一颗诚挚的心对待所有运动员，让对方感受到你的善意和温暖，是一种非常重要的人格品质，也是让训练获得成功的好方法。

舌头是太阳也是寒冰，是美酒也是毒药，就看你怎么表达了，"良言一句三冬暖，恶语伤人六月寒"，教练在训练运动员时，必须要慎言，对待犯错误的运动员，一定不能在冲动之下出言讥讽，而是要温言询问，找出问题症结，与运动员共同解决。

6. 认同你的队员

认同是有效沟通的条件之一，教练应当设法寻找双方谈话的共同语言，这样才能使谈话顺利开展，使师徒双方在心理上趋于一致。当双方有了共同话题后，心理距离就会拉近，气氛也会变得和谐，沟通也就变得富有成效。

为了使沟通变得有效，教练应该设身处地地为每一个运动员着想。不要去谈那些他们敏感的话题，要谈一些他们也会认同的话题，真诚地为他们解疑并进行层层分析。让他们明白教练的用心，让他们感受到教练的关心，那么他们的精神就会放松下来，也就会较为客观地理解和评价教练的看法、观点。

这样，教练与运动员沟通的效果就出来了，训练的目的也就不难达成了。在心理学上有一种被人们称为换位、移情的同理心，讲的就是只有通过换位思考，才能真正了解他人，感受他人的处境，从而尊重他人。

当教练站在运动员的立场和角度了解运动员的心情、思考运动员的问题时，他就不会在与运动员意见不一致时，一味坚持自己的观点了，也不会不顾运动员的感受，把自己的观点强加于人，相反，他会尊重运动员的看法，认同他的感受，理解他的处境，那么，这自然就会让运动员感受到教练的"公平意识"，从而尊重和理解教练的"苦心"。

教练要深刻认识到"公平意识"的重要性，不要只挂在嘴边，要努力去做，只有真正把这种意识贯彻到训练实践中，才能产生良好的训练效果。

第三节　解决冲突

一、冲突的性质

从当代的观点可以看出，认为冲突都是好的或都是坏的的看法显然并不恰当也不够成熟。从性质上来说，冲突可以分为建设性的冲突和破坏性的冲突。

1. 建设性的冲突

凡是有利于实现组织目标的冲突就是建设性的冲突，它往往是由于目标一致的双方在实现目标过程中采取不同的方法或手段而造成的。这种冲突在发展过程中通常有如下特点：① 双方对实现共同目标都很关注；② 双方愿意了解彼此的观点；③ 双方争论是为了寻求更好的实现目标的方法。对企业来说，某些建设性冲突的存在，有利于提高其经营效果和促进企业健康发展。管理者要善于激发建设性冲突并因势利导，使其成为推动工作的动力，同时要在解决矛盾的过程中增进冲突双方的了解和团结。

2. 破坏性的冲突

阻碍组织目标达到的冲突就是破坏性的冲突。它产生的根源是双方目标和利益的不一致，且这种目标和利益分歧越大，冲突的程度就越激烈。在冲突发生过程中，双方往往格外重视自己的观点是否正确，而不愿听取对方的意见。显而易见，这种冲突所起的作用是消极的、负面的。对此，管理者应该谨慎地处理，尽可能促使矛盾向有利于组织目标的方向转化，避免将潜在的或微弱的冲突激化到不可调和的地步。

二、冲突的过程

当我们说起冲突的时候，很容易联想到消极抵制、仇视斗争、口角争辩、挑衅的身体攻击，或者其他表示反对意见的行动，但是这些可以观察到的外显冲突只是冲突的一小部分。如图3.1所示，冲突是一个过程，包含五个阶段：冲突源是第一个阶段，这些潜在的对立与失调使群体或个体觉察到冲突的存在，体验到由冲突引发的情绪。冲突的认知与情感进而影响着冲突处理行为意向的形成，并转化为外显的行为。冲突各方的互动行为和反应导致了最终的结果，即提高或阻碍了群体的工作绩效。图中由"外显行为"指回"冲突的认知与情感"的箭头表明了这样一个事实：冲突是一个循环的发展过程。冲突各方的行为及反应会改变或强化他们对彼此已有的认知和情感体验，进而使冲突升级或化解。

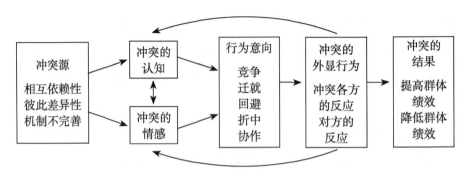

图 3.1　冲突的五个阶段

1. 冲突源

冲突过程的第一阶段是冲突源，即可能产生冲突的前提条件。虽然这些条件并不必然导致冲突，但是它们是冲突产生的必要条件。冲突源可以概括为三类，其中群体成员之间存在相互依赖性是冲突产生的客观基础，彼此之间的差异性是冲突产生的直接原因，而组织内在机制不完善是激发冲突的推动力。

（1）相互依赖性

毫不相干的群体成员之间不会产生冲突，只有相互依赖的成员才有可能产生冲突。可以把这种依赖性（如图3.2）分为间接依赖和直接依赖。

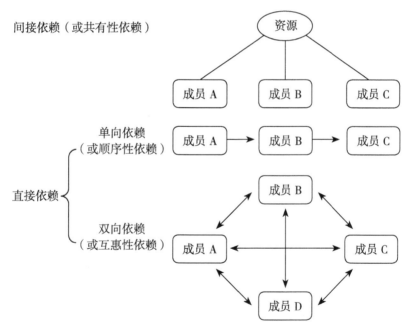

图3.2　冲突产生的客观基础

间接依赖，又称共有性依赖，是最低层次的依赖，指个体依赖于共同的资源或竞争性的目标。例如，公司欲选拔一位新的高级主管，那些有晋升需求的员工之间就可能由于这种间接依赖产生冲突，尽管他们可能并不在一个部门工作，或者工作并没有直接的联系。

直接依赖可分为单向依赖和双向依赖。当某个成员的成果成为另一个成员或群体的投入时，单向依赖（或顺序性依赖）就出现了。例如，会计部门需要销售部门迅速提供准确的资料以便结账和决策。双向依赖（也称互惠性依赖）是最高层次的依赖，双向依赖的个体必须依靠对方的工作成果来继续工作，或者说工作成果在个体之间来回交换。成员之间彼此依赖的程度越高，产生冲突的可能性就越大。

（2）彼此差异性

冲突常常是由成员之间的差异引起的，主要的差异包括：① 目标要求的差异。例如，营销部门希望最大化地满足顾客的需求，因此他们希望不断地开发新产品，产品尽量多元化和个性化，而生产部门的目标是提高生产效率，他们要求不断降低成本、提高产量，因此不希望生产线太长，不必要的设计变化最好不要，因为这样会导致生产成本太高。当这两个追求不同目标的职能部门在一起工作时，冲突就会接踵而来。② 认识上的差异。由于学历、背景、经验、地位、角色、文化、态度、价值观等不同，人们对于同一事物会有不同的认识，从而引发冲突。③ 信息差异。包括由于信息来源渠道不同、信息传递过程中的偏差遗漏、处理信息的方式不同而导致的差异。

（3）机制不完善

组织内部管理机制不完善是激发冲突的动力。例如，信息沟通不畅；资源的稀缺性；专制型的领导风格；工作任务期限不合理或高度的时间压力；内部奖励制度不公；组织风气不佳，上层管理者之间存在激烈的冲突；组织体制或管理层次过于复杂；对任务分配和管理职责的界定过于模糊，这些都会增加冲突产生的潜在可能性。

2.冲突的认知与情感

（1）对冲突的认知

冲突必须被感知到。冲突往往是由于一方感觉到另一方对自己构成威胁，才察觉到产生了冲突，因此是否存在冲突是一个知觉问题。如果人们没有意识到冲突，则认为冲突并不存在。只有察觉到冲突，冲突才会明朗化。

（2）对冲突的情感

仅仅察觉到冲突，而不带有情绪色彩，没有双方的情绪反应，也不会使冲突过程导向行动。只有在认识到冲突的基础上产生紧张、焦虑、挫折和敌对情绪，冲突过程才会进一步发展。情绪在冲突中起着重要作用，情绪的性质会进一步影响到人们处理冲突的意向。例如，消极的情绪——愤怒、敌意会导致攻击性的行为意向，从而进一步激化冲突；积极情绪——心情舒畅、宽容大度则可能产生协作行为意向，从而可能化解冲突。

3.冲突的行为意向

可以根据两个维度将冲突处理的行为意向（亦称冲突管理风格）划分为五种类型。一个维度是合作性，是指满足他人利益的程度；另一个维度是武断性，是指满足自己利益的程度。五种冲突处理行为意向的类型是竞争、迁就、回避、协作、折中，如图3.3所示。

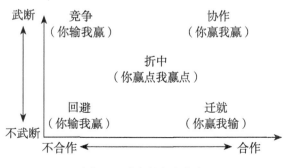

图3.3　冲突的行为意向

（1）竞争

竞争是指个体在冲突中只寻求自我利益的满足，而不考虑冲突对另一方的影响。例如，牺牲他人的目标来实现自己的目标；试图说服对方自己的结论是对的而对方的结论是错的。竞争风格的优点在于，如果强制者的观点正确的话，就可以制定更合理的群体决策，这种决策可能要比折中的决策更有效果；缺点在于，过度使用这种处理风格会导致他人对强制者的敌视和不满，强制者通常具有较差的人际关系。

因此要恰当使用这种处理风格，它比较适合于以下情况：必须采取某些重要行动时；冲突迫切需要得到解决，必须尽快做出决策时；问题很琐碎时；另一方做出不受欢迎的决策成本太高时；对方缺乏做出正确决策的能力，且维持关系并不重要时。

（2）迁就

迁就是指为了维持相互关系，一方选择牺牲自己的利益。例如，牺牲自己的目标使对方目标达成；尽管自己有所保留，但还是支持他人的意见；原谅某人的违规行为并允许他继续这样做。迁就型处理风格的优点在于通过迎合对方的观点维持了双方关系；缺点是总是放弃自己的观点可能会达不到预期的目标。过度使用这种风格可能会导致他人利用迁就者，而且迁就者努力维持的关系很可能会遭到破坏。

迁就式冲突处理风格在以下情境中是适合的：问题对于迁就者并不重要，而对于另一方来说更为重要时；维持双方的关系比其他任何因素都更重要时；迁就者愿意放弃某些利益以从另一方获取一定的未来利益时；解决冲突的时间有限制，但是上司属于喜欢使用竞争风格的独裁者，那么这就是唯一可用的风格。

（3）回避

回避是指个体虽然意识到了冲突的存在，但是对自己的利益和他人的利益都缺乏兴趣，希望远离冲突，忽视争执。结果是冲突非但没有得到有效解决，反而造成了双输的局面。回避与迁就之间的区别在于，回避时不必做任何自己不想做的事情，但是在迁就时你得按照对方的意思去做，尽管可能并不愿意。回避风格的优点在于可以维持双方关系，但是回避并不会使问题自动消失，相反有时拖延的时间越长，问题会更加恶化，解决起来会越困难。

回避型处理风格适合这样一些情境：问题很琐碎，或无关紧要时；与另一方进行对抗，其潜在的破坏性超出了问题得到解决的收益时；没有时间解决冲突时；当时双方的情绪比较激动，需要一定冷处理的时间时。

（4）折中

折中是指冲突双方都寻求放弃部分自己的利益，做出适当的让步，从而寻找一种权宜的可被接受的解决方法。它的优点在于冲突的解决比较迅速，而且可以维持工作关系；缺点在于相互让步可能会导致工作效率降低，如制定的决策并不是最佳的。

折中型处理风格在以下情况下使用是恰当的：问题非常复杂，而且比较重要，没有简单的、清晰的解决方案时；双方的实力相当，且各自的解决方案不同时；需要一种解决问题的临时方案时；时间紧迫时。

（5）协作

协作是指对于自己和他人的利益都给予高度的关注，最终寻求双赢的结果。协作的双方并不是迁就不同的观点，而是坦率地澄清彼此的差异与分歧，找到解决问题的方法。这种风格的优点在于可以找到解决冲突的最佳办法，但是需要花费比较多的时间、精力和技巧。

它适合于这样一些情境：为了解决共同的问题，需要利用双方拥有的资源时；为了得到更好的解决办法，双方的结合有必要时；为了成功地实施，另一方承担一定义务是必需的；有充足的时间允许彻底地解决问题时；一方不可能单独解决问题时。

冲突处理的行为意向并不是固定不变的。在冲突过程中由于人们的重新认识或者由于另一方对于行为的情绪反应，行为意向也会发生改变。

4. 外显行为

上述处理冲突的行为意向会通过外显的行为表现出来，诸如微妙的非言语行为、轻度的意见分歧、公开的质疑和争辩、武断的言语攻击、威胁和最后通牒、挑衅性的身体攻击等。冲突一方的行为会刺激另一方做出相应的反应，例如，你指责我，我也指责你或对此争辩。在这个相互作用的动态过程中，冲突可能趋于缓解，也可能进一步恶性升级。此外，需要注意的是，与行为意向不同，这些外显行为往往带有刺激性，由于判断失误或在实施过程中缺乏经验，有时外显行为会偏离原本的行为意向。

5. 结果

冲突各方的行为导致了最终的结果。这个结果可能会是功能失调的和具有破坏性的，会导致群体的工作绩效下降。也可能会是功能正常的和具有建设性的，会促使群体的工作绩效提高。冲突导致的结果是利还是弊取决于以下几个因素：

（1）冲突的类型

冲突可以分为三种类型：任务冲突、过程冲突和关系冲突。任务冲突与工作的内容和目标有关，而过程冲突的焦点则指向工作如何完成。中低水平的任务冲突和低水平的过程冲突是积极的、具有建设性的，因为它会促使冲突各方更好地了解他人的想法，激发他们针对不同的观点展开讨论，鼓励他们重新检视自己关于问题的基本假设和解决方式。

关系冲突的焦点指向人际的关系。这种冲突表现为人与人之间的敌对、不和与摩擦，冲突各方将对方的不同意见看成个人攻击而不是为了解决问题。绝大多数的关系冲突是破坏性的、功能失调的，因为它会加剧冲突各方的人格差异、减少沟通的动力、扭曲对彼此的认知、降低相互之间的理解，从而阻碍群体任务的完成。

（2）冲突的程度

要使冲突具有建设性，前提条件是它必须保持在适度的水平。当冲突的程度过高时，成员之间会明争暗斗、相互倾轧，群体会沟通迟滞、混乱无序，甚至最终走向灭亡。即便是任务冲突和过程冲突，要使它们具有建设性，也必须使它们保持在适度的水平上。如果群体成员在做什么、怎么做、谁该做什么方面存在过多争论，也会导致冲突的功能失调，完成任务的时间被拖延，成员也会按照不同的目标工作。

冲突的程度过低，对于群体也未必是有益的。因为缺乏冲突时，组织会因循守旧，停滞不前，绩效得不到提升。

（3）群体的气氛

如果群体表现出对冲突的包容、鼓励，则有利于群体的革新、进取和绩效提升。反之，如果群体的气氛是排斥异端、否定意见、压抑冲突，冲突就会产生消极的后果。

（4）群体成员的类型

如果成员理性旁观、包容兼并、尊重不同意见，则冲突就更有可能变成建设性的。反之，如果成员唯我独尊、攻击性强、野心勃勃，则冲突就会导致功能失调。

三、冲突的结果

说起体育界的冲突，大多数人首先想到的就是教练员与运动员或运动员与运动员之间剑拔弩张的画面。其实，冲突不仅仅具有负面效果，在某些时候冲突也会产生正面的作用。

在我国几千年的历史中，因为忠臣奸党之间不可调和的冲突而牺牲的人物数不胜数，民族英雄岳飞即为其中的代表；而同样，国力空前强盛的王朝往往存在于言官敢于死谏、君臣不乏观念矛盾的时代，如魏征等与唐太宗虽然冲突不断，但共成千古佳话。事实上，冲突如同一把双刃剑，既能给个体、群体和组织造成不利的后果，相反也能带来有利的影响。

1. 冲突造成不利的后果

冲突的发生可能使当事人产生生气、伤害、挫折等不愉快的情绪体验，会给双方的关系带来压力，造成双方的关系紧张甚至破裂。也可能会影响到当事人的自尊、自信以及社会交往，导致心理失调。对运动团队而言，持续的人际冲突会造成团队成员的心理压力，影响团队成绩和团队目标的实现，破坏团队的凝聚力。

2. 冲突带来有利的影响

冲突能够宣泄愤怒和敌意，避免各种负面情绪的过度累积；能够凸显双方问题的症结，促使双方努力寻求可能的解决途径；透过引发冲突的事件，当事人可以增进对自我以及他人的了解；能够激发人内在积极的潜能，促使个人不断突破自我，不断发展。

以上关于冲突的正面影响和负面影响的论述，都同样适用于教练团队或教练与运动员之间的关系。

不过，现如今很多学者认为，人际冲突的过程对于个体社会化有独特的价值，有助于个体学会如何了解他人的思想、情感、行为以及如何处理与他人的关系。而现代管理理论流行的观点则认为，冲突无论如何做都是不可避免的，而保持一定水平的冲突还有助于一个组织保持旺盛的生命力。同时，在改变组织、集体以及人际关系方面，冲突有时也是一种十分积极的动力。

判断冲突是破坏性的还是建设性的，主要看它最终导致的结果。现代管理学大师罗宾斯认为，对于组织中冲突的评判标准，应该以团体是否获利为主要依据，纵使是团体中的个人认为冲突是负面的，但是如果该冲突有助于达成团体的目标，则依旧可以将其视为具备建设性功能的正向冲突。

在管理学中，冲突有建设性冲突和破坏性冲突之分，但并非说一种冲突就一直是具有积极作用或负面影响的。一种冲突在整个冲突的动态过程中的作用，根据冲突的程度具有一定的转换性。根据学界大师布朗对冲突的研究，他提出冲突后果是冲突的长期影响，当冲突达到一定的水平时，对组织绩效的影响是正向的；而当冲突过度时，这种影响则变为消极的，如图3.4所示。

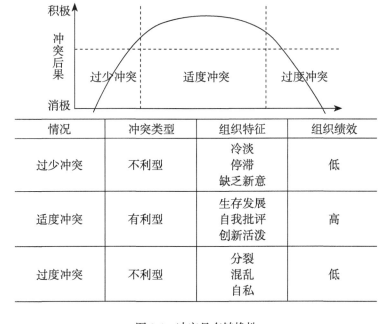

情况	冲突类型	组织特征	组织绩效
过少冲突	不利型	冷淡 停滞 缺乏新意	低
适度冲突	有利型	生存发展 自我批评 创新活泼	高
过度冲突	不利型	分裂 混乱 自私	低

图 3.4　冲突具有转换性

四、解决冲突

大家在团队中一起工作，难免出现意见相左的时候，尤其是当团队成员具有不同的个性、背景、价值观或信仰时。要记住，许多不一致来源于误解，了解了这些，就可以防止冲突的发生。在你因为某位团队成员做了或说了什么而动气或防备他之前，先试着去理解他的动机，你会发现没有人会故意犯错误。

如果你不将反对意见视为针对你个人的，而把它视为一个需要解决的问题，你就能很好地处理冲突，并集中精力寻找每个人都会赞成的解决方案。

一些人努力隐藏异议或对分歧视而不见，他们认为这是在保持和睦与合作。事实上，隐藏反对意见是错误的，这样做分歧仍然存在，只是暂时没有显现出来，它在暗地里集聚着能量，并最终会爆发。处理团队内部产生的分歧，最好的办法是把它消灭在萌芽阶段。

下面是为你和团队成员准备的一些处理问题的方法，一旦出现分歧，请按此行事。

第一步：承认分歧的存在，不要试图掩盖它。

第二步：有效地倾听不同的观点。要知道，没有一个人的观点绝对正确。

第三步：寻求双方理解上的共同点。你常常会发现，共识越多，分歧越小。

第四步：寻找一个可以让每个人都能接受的解决方案。将你的立足点从渴望自己的观点胜出，转向找出每个人都可以接受的解决方案上来。

第五步：把分歧放在一边，回到工作中。

第四节　应对压力

一、面对压力

压力是弹簧，你弱它就强，压力无处不在、无孔不入。在我们与压力对峙的过程中，一旦我们消极怠工，便会给压力大踏步向前的机会，那样对我们的伤害更大。如果我们积极一些，遇强更强，我们会赫然发现幸福就在我们脚下。

目前，很多企业都开始关注员工的心理健康。心理健康往往与工作压力有关，事实上，很多压力往往来自于自己的直接上司。为此，教练必须了解两个重要因素：压力源和反应。"压力源"是指外部环境因素，"反应"是个人对压力源的心理感受。比如，对员工来说，工作中的压力源可能是时间紧张、任务多、资源少、竞争大、批评等，面对压力的反应则是愤怒、恐惧、焦虑、抱怨、失望等。

每个人对压力的体验各不相同，对一个人来说是压力的事情，对另外一个人来说则可视而不见，比如时间、家人的健康、金钱、资源，这些都与深层的观念有关。通过帮助员工发现压力来源，探索压力产生的过程，找到改变的策略并发展长足有效的解决方案，就可以减少员工在工作中的压力。

教练还可以通过帮助员工改善在某个特定领域中的短板，来减少由此产生的压力源，从而间接地减轻压力。例如，某人在做绩效汇报时和做报告之前都会感到非常紧张，这时教练可以帮助这个人挑战无益的观念，构建有用的信念，同时改进其报告的技巧，这个人就可以在做报告的时候体验到较少的紧张感，并可以及时管理出现的紧张状况。

总之，无论压力来自何处，在向上沟通、时间分配、工作与生活平衡、应对问题员工、新项目的挑战等问题上，教练都会提供一个安全的环境，在那里员工或经理人可以一起探讨，找出应对的技巧，并尝试不同的行为，在此过程中，教练是信任氛围的营造者和内心动力的激发者，而这正是其他管理者所匮乏的。

二、心态调整

一个人能否成功，主要决定于他的心态，成功人士与失败人士之间的差别在于，成功人士始终用积极的态度和乐观的精神去把控自己的人生，失败者则总是用悲观、怀疑的态度看待事物；成功者总是信心十足，失败了也从中吸取教训，再去改进和尝试，失败者则总是没有信心，不敢越雷池一步，总在原地怨声载道。

对于教练员和运动员来说，面对赛场失利或不理想的成绩，都需要改善心态，像种子一样积极，总结经验，接受教训，从头再来。

第二次世界大战期间有这样一个故事，在纳粹集中营的一间牢房里，关着两个犯人，受着相同的待遇。在不见天日的牢房里，能让他们看到外面变化的只有一扇小小的窗口，而在窗口打开的时段里，两个人只能轮流向外望去。

其中一个人看到的是湛蓝的天空与自由飞翔的小鸟，他每天都乐在其中，即使是雨天也会静静地去感受；另一个人却只看那高高的围墙和密密麻麻的铁丝网，还有那数不尽的被拖走的尸体，他总是哭丧着脸，恐惧着，抱怨着，最后抑郁而终，带着满眼的晦暗离去。

但他永远也不会知道，在他死后半个月，集中营就被攻破，所有人都活着出去了，除了他。

我们总是抱怨着自己所受到的一切不公正的待遇，但我们却没有发现在自己身边有着更多的有着相同遭遇的人正在以仰望的姿态静静地看着更高处的天空。所以，学着用平静而不屈的心态去面对生活中的每一处风景、每一个人、每一件事，就会发现机会就在下一个路口的转弯处。

三、减压方法

1. 学会分解压力

做一张表格，把自己的压力全部写出来。当你看到自己的压力分解表时就会发现，一次做好一件事，就可以缓解一种压力，通过逐步落实压力分解表上的事情，那些所谓的压力就会逐渐化解掉。

2. 找一个倾听者

当你觉得被压力情绪困扰时，不妨找一个和你关系要好的同事或者朋友交流，向他们倾诉你的心事。在倾诉的过程中，自然会得到对方的鼓励和关爱，你也会在这种倾诉的过程中缓解压力情绪。如果对方在听了你的倾诉后能帮你提供一些很有价值的建议、信息，就会更有效地减小你的压力。

3. 运用想象减压

这里的"想象"并非天马行空地胡思乱想，而是一种温雅的思维游逛。比如你想象自己在一个风景优美的公园散步，在环境温馨的浴室里泡澡，或者是在阳光温暖的午后坐在阳台上喝下午茶，这些思维游逛都可以使你感受到一种安详与宁静，身心也会得到放松、休息。这种方法非常适合在短时间内缓解压力情绪。

4. 借力减压

美国一位著名的管理专家曾经对员工们说："随身携带一个小橡皮球，郁闷时捏一捏。"这就是一种有效的借力减压方法。同时，大家也可以靠摔打枕头、捶打被子等方式来减压。但不管什么时候，都不要损坏东西，更不能伤害自己和他人，否则就得不偿失了。

第五节　处理关系

一、组织中的人际关系

有人群的地方就有人与人之间的交往，它一旦成为稳定的联系，无论是相互吸引、协作还是相互排斥、对抗，都会出现一定的人际关系。人际关系指的是人们在物质和精神交往过程中发生、发展和建立起来的人与人之间的心理关系。人际关系反映了个体或群体寻求满足需要的心理状况。人际关系的发展变化取决于交往双方的需要是否满足，如果双方在交往中其需要得到满足，则相互间心理上就趋向接近；若交往双方或一方在交往中的需要没有得到满足，双方的友好关系就会中止，心理上趋向疏远。这种由于交往而产生的心理上的满足或不满足的情感体验构成了人际关系的基本内容。

人际关系是一种社会关系，它是在人们信息交往活动的过程中形成的。社会关系是一个相当广泛的范畴，包括政治的、经济的、道德的、宗教的、血缘的、伦理的、心理的关系。人际关系可以说是社会关系中的心理关系，主要表明人与人在相互交往过程中关系的深度性、亲密性、融洽性和协调性等心理方面联系的程度，如亲密关系、疏远关系、敌对关系等。因此，人际关系具有社会性，它不能离开人们的社会群体结构和其他种种具体的社会关系而单独存在。

人际关系主要包括认知、情感和行为三种基本心理成分。认知成分是人际关系形成、发展和改变的基础。人们是在交往过程中彼此通过知觉、理解、判断、评价等认知过程对对方有所认识，并在此基础上建立起相应的人际关系。人际关系的发展变化也是以认识为转移的，双方认识越深刻，人际关系越巩固，认识的变化也会导致人际关系的变化。情感是人际关系的主要心理成分，正是人们在交往过程中产生一定性质的情感体验，才使交往双方心理上相互吸引或相互排斥。行为成分主要包括语言、手势、动作、风度、表情等信息手段和具体的活动过程。只有通过这些交往活动，人们才能彼此深入了解，建立起一定的人际关系。

人际关系是衡量组织内群体士气与工作效率的重要标志。在一个组织中，如果成员之间的人际关系表现为肯定倾向，那么，该组织的成员一般都心情舒畅、关系融洽、彼此能协调一致，工作效率就高。反之，如果组织中的人际关系表现为否定倾向，则其成员往往关系紧张、相互猜疑，影响群体士气与工作效率。

二、人际关系的模式

中国的人际关系模式有两种，一种是儒家的人伦模式，一种是费孝通的"差序格局"模式。

1. 儒家的人伦模式

儒家思想是直接涉及人际关系的文化体系，人伦道德讲述的就是人与人间的一种关系。孔子对人际关系的身份角色还做了区分："君君、臣臣，父父、子子"，这就是儒家的人伦关系。中国几千年来受到这种人伦思想的影响，使得各民族得以和睦相处、家庭得以和谐幸福。为了处理好人际关系，孔子不但提出了一些宝贵的人际品质，如仁、礼、乐、信、恕、宽等，提示从这些品质出发去建立和把握好人际关系，而且还将交友对象做了选择性的区分，即益者三友、损者三友。这里体现了孔子对人性比较客观的看法，在人际交往中，要以优良的品质与他人建立良好的关系。

人伦道德可以说是儒家的核心文化。它不仅强调人际关系的和谐，更注重如何建立和维护和谐的人际关系。孔子在五伦关系里提到："君臣有义、父子有亲、夫妻有别、长幼有序、朋友有信。"孔子在讲到各种关系的同时，也谈及了关系的本质和促进关系更加和谐的人际品质。人际关系是指人们在相互交往过程中建立的直接的心理上的关系。人际关系就决定着品质的重要性，如果我们不具备爱人的品质，对人不产生兴趣，在交往过程中不相互重视和支持，那么就很难产生心理上的关系，也就不可能获得他人无缘无故的兴趣与关注。人际关系何从建立？恭、宽、信、敏、惠，这些都是孔子关于仁人的要求。要处理好人际关系，还必须学习掌握一些立身处世之道，即"礼"。孔子说："不学礼，无以立。"不学习处世之道，难以立足社会。

中庸思想是儒家文化在处理各种关系时的核心价值观，也是儒家思想的处世之道，它能使得人际关系更加友好和谐。中庸的观点，早在孔子之前就已经存在了，孔子继承了古代先哲们的中庸观点，并加以发展和系统化。中庸，即不偏不倚，恰到好处，也就是如何把握一个度的问题。人际关系里，都有包容的需要，如果过于执着我们自己的偏见，或者以自我为中心，那么就很难做到对他人的接纳、包容。人际关系，都有情感的需要，有被人接纳和关注的需要，同时也有情感的表达与宣泄的需要。但是情感的表达和宣泄，往往也要恰如其分，过多，往往会使人感到烦琐、做作、虚伪；过少，那么人际的情感会逐渐淡化，人际距离也会加大，也就是孔子所谓的"过犹不及"。中庸之道在人际支配需要中的作用体现在对人的充分尊重。中庸是一种道德品质，子曰："中庸之为德也，其至矣乎。"如何把握中庸之道，这与个人的品质是分不开的，因此，孔子提出了"仁、礼、信、智"等品质，如果具备了这些品质，那么人们就不会将事情做得过分，即"过"；如果具备了这些品质，那么人们将会对人、事、物负责，也不会出现"不及"的行为。在人际关系中，中庸思想使得人们不会过分要求他人，或者过于偏激致他人于难堪的境地，同时自己也会主动地对他人负责，使得人际氛围融洽和谐。

和谐思想是儒家在处理人际关系的时候所遵循的又一准则。儒家在处理人际关系时，追求的是人与人之间的和谐关系，遵循的是"和为贵"的人际关系原则。比如，孔子所强调的"礼之用，和为贵"，孟子提出的"天时不如地利，地利不如人和"等。我们需要辩证地看待儒家人际关系模式中的"人伦"观。取其精华，如儒家文化对于人际态度和人际行为的积极认识；去其糟粕，如过分注重关系而丧失原则，过分注重技巧而缺乏真诚等。

2. 费孝通的"差序格局"模式

从社会学角度对中国人的人际关系模式进行探讨，以社会学家费孝通"差序格局"模式的提出影响最为深远。费孝通在其著作《乡土中国》中建立了一个传统中国的乡村生活模型，包含支配社会各方面的基本体系。"差序格局""礼制秩序""长老统治"这些《乡土中国》中最精准的概念，至今仍是读懂中国社会的重要指南。"差序格局"概念是费孝通在研究中国乡村结构时提出的，即"每一家以自己的地位作为中心，周围划出一个圈子，这个圈子的大小要依着中心势力的厚薄而定"；"以己为中心，像石子一般投入水中，和别人所联系成的社会关系不像团体中的分子一般大家立在一个平面上，而是像水的波纹一样，一圈圈推出去，越推越远，也越推越薄"，这样一来，每个人都有一个以自己为中心的圈子，同时又从属于以优于自己的人为中心的圈子。

三、如何改进人际关系

良好的人际交往能力是建立在自我接纳与接纳他人、自信与互信等积极的人生态度基础上的，同时要宽以待人、互惠互利、善于欣赏和赞美，会设身处地、换位思考，拥有良好的倾听与表达能力、处理冲突的能力，也能有效地完善和提高交往的技能。

1.看人之长

有的人总期待对方是一个十全十美的交往伙伴，有的甚至把连自己都难以做到的要求强加于对方，一旦事与愿违，交往就受到阻碍。因此在人际交往中，我们也应记住孔子的话：己所不欲，勿施于人。每个人都会有不足之处，我们在交往中既要学会宽容他人的不足，同时也要学会从他人身上获得宝贵的资源，而不能带着有色眼镜用一成不变的眼光看事物，这样会扭曲对事物的看法，破坏和别人的关系。

2.自信

自信的人眼神坚定，态度从容，不会逃避与别人目光上的接触，无论站着坐着或走路时都习惯性地挺起腰肢，待人接物方面又显得自然大方。缺乏自信的人眼神闪烁，不敢与人有目光上的接触，容易无理由地感到紧张，时常表现得坐立不安，在处世方面给人极度害羞的感觉，又因为没有勇气向人说"不"而经常要做自己不喜欢做的事情。

3.欣赏与赞美

我们周围的人不可能具备一切能使我们的生活方便舒适的品质，因此我们要学会理解和欣赏人们本来的样子。欣赏每一个人是一种视角和胸怀，也是一种能力。学会欣赏，并且不要吝惜表达你的赞美。

4.设身处地换位思考

换位思考是一种现代思维方式，凡事多设身处地为他人着想，注重多方面多角度思考问题，既是一种宽广的襟怀，也是一种思想方法。生活实践证明，人们只有在人际交往中多利用心理换位法，才能更好地做到感同身受、心理沟通，达到相互理解、解疑释惑、消除隔阂、增进团结和友谊的目的。

四、如何处理压力下的人际关系

现代社会中，人与人之间的关系越来越难处了。在这个经济迅猛发展、人际关系日益复杂的社会中，即使是那些被人们称赞为"八面玲珑"的人，也能时时感受到人际关系相处的尴尬与困扰。在我们每天孜孜寻求立足和发展的纷繁复杂的社会上，几乎每个人都或多或少地受着人际关系的左右、掣肘和制衡，几乎每个人都受过人际关系的助益、荫庇或妨碍、伤害。可以说，在这个社会上，所有的成功者都在人际关系方面得到过温馨的哺育、救援和协助；同样地，所有的失败者也都在人际关系方面遭受过冷酷的诋毁、残害和挫折。人际关系对于人生顺逆成败的重要性，已经越来越得到了世人的广泛认同。

人际关系在人们的社会生活中具有十分重要的作用。良好的人际关系是人身心健康的需要，是人生事业成功的需要，是人生幸福的需要。生活中善于理解别人，并乐于相助的人，自己也可获得慰藉；而对于被援助的人来说，则更会产生情绪上的良好感染与反馈作用，能使人得以安慰、鼓舞。这种精神上的快慰和舒畅，对于机体健康有重要意义。

第六节　开发潜能

通俗地说，潜能是指有待开发、挖掘的处于潜伏状态的能力。著名的大脑先生托尼·巴赞曾在他的著作中提到每个人都有九个方面的潜能，通过训练，这些潜能是可以被开发的，这些潜能是：

1.创造潜能

创造性不仅指可以画一幅画或者会使用一种工具，做一顿晚餐是创造，侍弄花园也是创造，考虑如何让足球队战胜对手也需要有创造性。一个人可以当个想入非非的人，每天至少联想10次，但不妨做如下试验：起床时继续想梦中的情形，并把它作为日记记录下来；通过游戏发挥创造性；把用一根曲别针可以做出来的所有东西都记录下来。通过种种类似的试验，可以不断发掘一个人的创造潜能。

2.个人潜能

一个人如果能够做到使自己的内心处于平和状态，那么他就可以比较充分地发挥个人潜能。每天享受十分钟的安静，对自己进行评价，目的是对自己生活中积极和消极的事情有个更加清楚的认识。只有了解自己而且内心充实的人，才能达到充分发挥个人潜能的目的。

3.社会潜能

社会潜能同个人潜能相反，可以理解为组织能力，也可以理解为调动别人积极性的能力。

4.精神潜能

精神方面充满智慧的人，不会只看到个人的和自己所在集团的利益，这个人不只是聪明的，而且是明智的。个人正确的价值观给人以动力。如果价值观是明确且正确的，并采取相应的行动，那么这个人在精神方面就永远是有智慧的人。

5.身体潜能

躯体拥有自身的潜能。无论是演员，还是运动员，凡是靠体力工作的人都知道，经常锻炼可以增强身体的潜能。为了使身体保持灵活，应该使运动成为习惯，连续坚持21天的时间，之后身体就会自发产生有助于健康的锻炼要求。

6.感觉潜能

鼻子有500万个嗅觉感受器，眼睛可以辨别800万种色彩，所以应该尽可能地把人体内潜在的五种丰富的感觉能力发挥出来。可以经常进行有意识的锻炼；也可以练习分辨大自然的声音，例如各种鸟儿的叫声；体验能使自己皮肤舒服的衣服。这些都有利于激发感觉潜能。

7.计算潜能

许多人认为，计算能力是一种天才才具有的能力，这种看法是错误的。每个人都具备计算能力，只是这种能力需要被激发出来。不妨经常进行这样的计算，即工作占用多少时间、同家人在一起的时间是多少、睡觉和学习又用去了多少时间；可以经常练习用脑子计算；在日常生活中多注意数字，例如数数在每个超市的收款台前有多少人在排队，货筐里有多少件商品。以上这些都可以不断激发一个人的计算潜能。

8.空间潜能

空间潜能就是看地图、组合各种形式以及使自己的身体正确通过空间的能力。舒麦加就是一位空间天才，在赛车道上，他能够驾驶时速为300公里的法拉利赛车灵活地在其他F1赛车之间穿行。调查表明，伦敦的出租汽车司机的脑子随着开车时间的增加会变得越来越好使，因为他们把城市的情况都储存在了脑子里。多参加社会活动也有助于一个人空间潜能的发挥。

9.文字表达潜能

扩展文字财富。如果一个人开始时掌握1000个单词，以后哪怕每天只增加一个新的单词，那么一年后这个人的文字表达能力就会提高40%。激发文字表达潜能最好的办法就是多看书、多练习写作。

第　四　章

教练技术

第一节 教练技术的本质

教练，在朗文词典中为Coaching，意思是"辅导""教导"，是对个体或集体提供建议或指导。教练技术进入管理界的时间很短，目前仍处于概念和理论的初创期，直到现在对于这一词的含义仍然没有统一规范的定义。Chip R. Bell认为教练是那个帮助他人学习知识的人，这些知识若没有教练的辅导，他们在别处也能学到，但会学得很慢，甚至什么都没学会；通过对人力资源经理的调查，Mike McDermott、Alec Levenson和Steve Ameson提出了一个最优操作定义：教练是关于塑造个体行为、意识、技能或知识的一对一的干预过程；Tom Barry提出教练是仅通过沟通实现的一种管理活动，通过鼓励个人和团队成长来产生绩效，从而营造出相应的企业环境、气氛和背景，这里的沟通不仅指提供信息，更多是指授权或使得受教练者可以突破现在的绩效水平。

心理学作为教练技术理论基础的主要来源，心理学界许多学者也提出了相关的定义。Zeus和Skiffington认为教练是一种改变和转化，它关注人们成长、改变不良行为和产生适应良好的成功行动的能力，尤其在改变过程中遇到障碍时，给予受教练者及时的支持；Witherspoon和White认为教练是一种为促进有效行为和学习敏捷性的行动——学习过程，这里学习"敏捷性"指通过反馈和体验来进行学习的能力水平。

虽然教练技术在欧美地区的一些发达国家已经得到大规模发展，形成了一个独特的研究领域，但是在中国，教练技术引入的时间并不长。教练技术是从20世纪末才开始被国人所了解，关于教练技术的研究也从那时才起步。曾令华认为教练技术是通过对话等一系列策略行为，洞察被指导者的心智模式，向内挖掘潜能，向外发现可能，使被指导者最终达到目标，从而有效地提升指导艺术。

方雅静和赵佳菲认为教练技术不是要把什么东西教授给人们，而是帮助人们学习和成长，重点在于激发行动、引发学习、发挥潜能。刘宗强认为企业教练通过对员工团队开展全面性的培训，能对员工心智、潜能、职业化、绩效等起到较好的牵引作用，促进员工和企业目标的"双赢"。张园认为企业教练技术是指企业管理者通过实施一系列具有强目标和策略性的系统工作程序和特定技巧，影响被教练者即员工的心智模式，从而优化其心态、激发其潜能，帮助企业和员工个人提升业绩、实现目标的一种全新的企业领导力技术。

综上所述，教练技术是一门通过完善心智模式（彼得·圣吉认为："心智模式是深植于我们心灵的各种图像、假设和故事，就好像一块玻璃微妙地扭曲了我们的视野一样，心智模式也决定了我们对世界的看法。"）来发挥潜能，提升效率的管理技术。教练是一个一对一进行的、有针对性的互动干预过程，通过积极关注和倾听等技巧帮助受教练者看到现有的问题、发现自己的潜能，以实时的反馈帮助受教练者实现意识、态度和行为的积极改变，最终缩小理想状态与现实状态的差距，实现绩效与自我发展水平提升的目标。如图4.1所示。

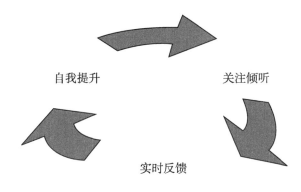

自我提升　　　　　　　　　　　　关注倾听

实时反馈

图 4.1　教练技术机理示意图

从教练的内容来看，教练技术不同于传统培训或传统教育注重在人的知识、技能方面的培养，而把关注点放在拓宽被教练者人格深层次的信念、态度、挖掘其个人价值观和愿景上；从教练的过程来看，教练活动是一个帮助被教练者不断建构自我的过程，被教练者在与教练的互动过程中不断了解自己、挖掘自己、发展自己，对自身的人格、认知、情感态度等进行不断的建构，并对自己的行动和学习负责。

教练技术有两大特点：一是"人本性"，教练技术和传统的管理技能不同，传统的管理者或领导者倾向于把焦点放在自身，更想让自己获得成果，而教练则更关注他人，教练引导被教练者去感受、去思考、去做决定、去承担责任，支持并协助被教练者获得成果；二是"可操作性"，教练技术通过一个持续的流程，即支持被教练者设定目标、明确行动步骤、在行动过程中协助被教练者排除固有心态或信念对行为模式的影响，从而改善行为，推动被教练者取得卓越成果。教练技术因其"以人为本"的管理理念和"可操作性"的特点而在应用过程中取得了重大成效，受到大部分世界500强企业的推崇。从事或运用教练技术的人被称为教练，现已逐渐发展成为一个职业，由于教练技术主要被运用于企业管理中，因此这些人也常被称为企业教练；企业教练运用教练技术施于被教练者的过程称为教练过程。

我国第一个请私人教练的企业家

何伯权这个名字人们都很熟悉，虽然他现在已不再是乐百氏公司的领导人，但这并不能磨灭他创建和发展乐百氏的功勋以及他的卓越领导才能。但很多人不知道的是，他是中国第一个聘请私人教练的企业家。他甚至曾公开提出要做"教练型企业家"的口号，显示出他对教练技术的高度推崇。1999年，乐百氏公司花费200多万元对公司高层进行了培训，包括何伯权本人在内的管理层每个人均聘请了私人教练。

中国的食品饮料行业一直竞争激烈，乐百氏集团能够在这种激烈的竞争中脱颖而出，与集团高层将教练技术引入企业内部密不可分。通过汇才公司专门设计的一系列体验式工作坊、专业教练服务等，乐百氏集团的中高层管理人员在完善自我的同时，更成为每一个团队中的专业教练，去影响及教练周围的同事，使团队向着公司既定的目标奋进。已完成的工作坊如"敏锐个人醒觉""实现集团理想"及"团队精神"和为期三个月的专业教练服务，均反应良好且达到了预期的效果，中高层管理人员基本上达成了共识，并以负全责的态度去处理工作。

乐百氏集团在两方面得到了教练技术的帮助：一方面是企业内部的领导阶层，另一方面是企业内部的员工。由于企业的领导和员工构筑了企业发展的框架，因此，这两方面得到提升，企业也就得到了极大的提升。教练技术的引进，不仅改革了乐百氏集团内部的管理制度，使企业内部的领导更加注重以人为本，更善于与普通员工进行沟通，激发他们的潜力，提升他们的素质，而且培养出员工"永不自满、不断进取"的创业精神。除此之外，教练技术的引进，更为乐百氏集团指明了未来的发展方向以及所要达到的目标。可以说，乐百氏集团"创造中国食品饮料领域里最优秀的企业"这一目标的制定和实现，都与教练技术有着密切的关系。何伯权呼吁企业家们去认识教练技术的价值："教练员工是一项有价值的投资，因为教练能促进员工的成长和发展，为企业带来长远的效益。"

第二节　教练技术的作用

　　传统企业管理思维中，提高管理人员和员工技能的首要方案就是培训。美国培训团体的研究结果表明，作为一个行业，培训在过去20年中有了迅猛的发展。这样快速的发展是因为很多人都在寻找有能力帮助自己实现自我发展和自我提高的人。然而，一方面，研究表明，传统培训一天后学习内容的遗忘率为67%，一周后遗忘率为80%，两周后则为97%，这样低得惊人的培训效率使得大量的培训资源被浪费，这样的现象是现代组织所不愿看到的。但是人们也确实不能否认培训是组织和个人发展不可缺少的一部分，因此，对突破传统培训技术的需要就凸显出来了。另一方面，由于社会形态的剧烈变迁，以及竞争的日益加剧，家庭、社会、工作等各方面的问题影响着人们的心理状态和绩效表现。人们的需求以及组织对每个成员的要求千差万别，因此人们需要的是个性化、高效率的提升自我的帮助服务，这是传统培训、员工援助项目、心理治疗所无法独立解决的问题。目前，在西方企业盛行的教练技术项目是满足管理人员和员工自我发展个性化需要的有效方法。教练技术的实施有助于组织及其成员克服成长"瓶颈"，释放潜能，提高绩效，在竞争中更胜一筹，在生活中更幸福，在人际关系中更融洽。因此，教练技术被誉为20世纪最有革命性和效能的管理理念，受到多数世界500强企业的广泛推崇。

这种教练技术在西方始终以类似咨询的方式发展，在中国，越来越多的企业开始引进教练文化，学习教练技术。早些年，人们认为，教练可以帮助企业提升业绩并提高企业员工的表现水平。美国《公众人事管理》发表了一项报告，比较了只用培训与采取培训连同"教练"两种方式的效果：培训能增加22.4%的生产力；培训连同"教练"能增加88%的生产力。而最近《哈佛商业评论》的调查结论告诉我们国外的趋势：10年前，大多数公司聘请一位教练是为了解决公司遇到的难题、引领领导走出误区，偏重于纠错；而今请教练则是为了提升自我领导力，提升被教练者自身的潜能，请教练是为了做得更好。

聘请教练不但可以激发企业的正能量，更能有效激发企业人的潜能。欧美教练行业的统计数据显示，从2006年到2012年，在聘请教练的人当中，聘请教练解决具体问题的比例从38%下降到24%，聘请教练提升自身领导力素质的比例从44%逐年上升到52%。另有数据显示，48%的请教练的人是为了帮助自己提高潜质或协助过渡；26%的人是为了"照镜子"，即被用作试探意见之人；而12%的人是为了防止企业偏离正常的运营轨道。请教练的成本大概在每小时500美元（相当于曼哈顿顶级心理医生的价位）。调查中还发现，私人聘请教练的需求渐渐呈现出来，虽然只有3%的教练被请去解决私人问题，但是76%的教练表示曾经协助行政领导解决过私人问题。

由此可见，无论是有效开发企业人员自身的潜能、提升自身的领导力，还是有效开发企业组织的正能量，教练技术都已经成为企业管理的必修课。

教练技术让康佳飞跃

康佳集团成立于1980年5月21日，前身是"广东光明华侨电子工业公司"，是中国改革开放后诞生的第一家中外合资电子企业，初始投资4300万港元。1991年，康佳集团改组为中外公众股份制公司。1992年，康佳A、B股股票同时在深圳证券交易所上市。截至2013年，康佳集团总资产近100亿元、净资产近40亿元、总股本12.04亿股，华侨城集团为第一大股东。

康佳集团彩电事业部产品线管理办公室总经理李全飞，在康佳工作已整整10年。他管理的康佳集团彩电事业部产品线管理办是一个跨部门、跨团队合作的部门，需要不同背景、不同部门、不同学科的员工一起来完成产品的开发，需要非常和谐的合作氛围和团队精神。而在2002年前，公司的产品推出速度明显落后于市场需求，过去的产品开发数据显示，2002年公司有70％左右的产品出现不同程度的延期，有的产品甚至延期半年或更长，销售部门对此"怨声载道"。但这一切都从2004年开始逐步改观，尤其是2005年，80％以上的产品按期甚至提前完成，其中100％市场急需的产品全部提前完成，可以说这是一个非常了不起的成就。如今，公司几乎所有的产品开发都在按部就班的情况下良性运转，而这一切成绩的取得，全因公司从2003年底开始全面推行项目管理，并引进了企业管理教练技术。

作为这一过程的见证人，李全飞亲身感受到了教练技术给一个团队带来的影响和变化。他说企业教练技术非常神奇，不但促进了整个团队的建设，而且也大大提高了每个成员的专业水平和职业素养。过去出现问题人们相互抱怨，有责任相互推诿，但是教练技术让人们懂得了体谅他人，懂得了从自身找原因，懂得了每个部门之间协作的重要性。教练技术是一种开放的、着力培养人积极心态的、让人学会与别人分享的管理技术，它体现的是整体实力。

伽利略说过："你无法教人任何东西，你只能帮助别人发现一些东西。"教练技术对李全飞个人产生的最大影响是"道"。他说任何事都有道，如业务之道、沟通之道、团队之道等，教练技术教会一个人与别人分享经验，分享成功，将思想上升到又一个高度。让学习的人有所发现，通过加工处理并结合自己的经验，从而形成在现实中可以灵活运用的能力，这才是教练技术之道。

在教练技术的应用和摸索过程中，李全飞把自己的体会总结为三点：作为一名领导者，首先应该做好团队建设；其次要带领团队完成任务；最后实现个人能力提升。

李全飞带领他的团队不仅非常高效地完成了公司产品的开发任务，产品开发进度比以前提高了30％—50％，而且整个团队的合作气氛日渐浓厚，更重要的是通过几年对产品的管理，形成了一套完整的适合康佳自身特点的新产品开发管理体系。也正因为如此，李全飞所带团队连续三年获得"康佳集团优秀团队"称号。

孔子说"已欲立而立人，已欲达而达人"，教练技术其实就是帮助别人成长的方法。李全飞说，他现在最大的乐趣就是帮助并看到团队成员的成长。在近三年的时间里，部门已有五位同事获得了很好的晋升，有不少同事都说产品线管理办是集团的"黄埔军校"。说到这里，李全飞不由得发出爽朗的笑声。

第三节　教练技术的过程

　　教练运行模式的设置主要包括时间和人员。一般教练干预活动是一个相对短期的过程，为每周1—2次，每次1—2小时，持续6—8周，但有些执行教练项目可能持续一年或更长。其时间长短主要由训练目的、个体特定需要和涉及的问题范围决定的。Myles Downey（1999）提出每4次教练活动后间隔6个月，再做一次评估，以便更好地进行后续的教练活动。

　　相关的人员设置一般涉及受教练者、教练和直线经理，有时也包括人力资源管理人员。教练的角色是一面镜子，可以让受教练者看到自身存在的问题、现状与愿景的差距、阻碍改变发生的旧模式等；直线经理是教练服务的第一反馈源，其内容包括受教练者接受教练辅导的需求提出、教练过程与效果的监督评价；人力资源管理人员的角色则是组织教练氛围的营造者、教练需求的开发与调查者、教练选择的匹配者和教练效果的跟踪评价者。企业引入教练技术的最终目的是让受教练者成为教练，从而辅助更多的员工成长，为企业培养源源不断的领导者。

　　华润：锻造CEO的火箭班

　　五六个人围在一张桌子旁，"队长"紧张地指挥着，其他人戴着眼罩，用一只手玩搭积木，因为看不见，队长的指挥和提示显得格外重要。突然，队长被召集开会去了，剩下的人乱作一团……

这是领导力项目塑造杰出领导人辅导与培训（Making Great Leaders，MGL）中的"盖塔游戏"。玩这个游戏的是华润集团领导力培训"60班"的学员。就像中央党校有"中青班"和"省部班"两个培养国家"栋梁"的重点学习班一样，2013年，华润集团内部先后启动了培养CEO领导力的"60班"和"70班"。

华润（集团）有限公司是一家在中国香港注册和运营的多元化控股企业集团，2003年由国务院国有资产监督管理委员会直接管理，被列为国有重点骨干企业。截至2013年末，公司总资产10797亿港元，净资产3072亿港元，实现营业额5078亿港元，经营利润501亿港元，利润总额454亿港元，股东应占利润156亿港元。集团核心业务包括消费品（含零售、啤酒、食品、饮料）、电力、地产、水泥、燃气、医药、金融等。华润的多元化业务具有良好的产业基础和市场竞争优势，其中零售、啤酒、电力、地产、燃气、医药已处于行业领先地位。

华润集团董事长宋林已经花费了几百个小时来推动和领导华润领导力发展的工作。在华润集团高级领导人才培训班（"60班"）项目的设计和实施过程中，这位董事长每次都参加项目设计会议，面试外部教授和顾问，领导讨论授课主题和方式，并多次参与华润集团领导力测评中心的设计和实施会议，还亲自启动华润内部案例编写工作。同时，他还结合华润集团发展面临的挑战，为"60班"的学员们出题，进行深入的思想交锋和探讨。"60班"第一模块的讲师、长江商学院的滕教授说："我还没有见过一位大型集团的董事长会花这么多时间讨论'竞争战略'一课如何结合企业的实际来开展。"

随后的2011年，当设计高级领导人才培养计划，也就是"70班"的时候，华润特别重视内部教练和辅导计划。他们让已毕业的"60班"学员担任"70班"学员的教练。这些相对资深的领导，需要定期为"70班"

学员讲述自己在华润的成长经历，同时掌握被辅导对象的领导力测评结果，并编制和实施辅导计划。

这一机制一直在华润集团不断地发展和推广。2013年4月21日，华润集团旗下的华润银行杰出经理人"70班"领导力发展培训项目启动会在中山召开。集团副总经理蒋伟出席会议，集团人力资源部有关人员、华润银行相关负责人、华润银行"70班"学员、华润银行各分行负责人等共约80人参加了会议。华润银行负责人在会上指出，华润是学习型的组织，一直重视对人才的培养，华润银行作为华润旗下的服务型企业，对人才的需求非常大，华润银行将秉承华润文化，重视对人才能力的培养，希望学员认真学习、勤于思考、提升自我，为提高华润银行整体竞争力做出更大的贡献。据悉，华润银行杰出经理人"70班"培训项目将历时半年，是高层领导力发展的培训项目，内容包括超越自我模块、领导团队模块、协同共赢模块、战略视野模块等。

CIPD将教练的运行模式归结为五个阶段（如图4.2所示）：

① 设置教练干预的最初目标。其必须满足SMART原则，即特定明确（Specific）、可以测量（Measurable）、能力所及（Achievable）、符合现实（Realistic）、明确的时间界限（Time-bound）。同时，这个目标是受教练者和组织共同期望达到的愿景。

② 诊断性评估。运用各种测量工具和手段对受教练者在教练干预之前的状态进行测量，由此明确实际状况与愿景的差距。

③ 制订个性化的教练计划。即结合诊断性评估的结果和相关人员的共同愿景，协商制订教练计划，包括特定的行动方案和各种改进手段。

④ 进行有规律的教练干预环节。根据教练计划和相关设定，有规律地进行教练干预环节，这是教练运行过程的主体。

⑤ 跟踪和辅导。

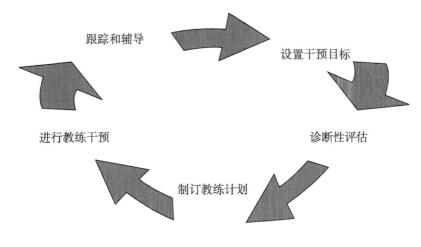

图 4.2　教练的运行模式

　　综合相关文献，从建立教练关系开始，将教练的运行模式归结为五个阶段：建立教练关系；明确愿景；评估与制订行动计划；教练周期实施；结束教练后的再评估与跟踪。企业教练运行模式贯彻的原则，简而言之，就是帮助受教练者"看到"自身"盲点"，自己"说出"行动方案，挖掘自身潜力，使受教练者对自己负责并能"说到做到"。

第四节　教练技术的方法与技巧

Thorpe 和 Clifford 给出了教练的工作描述，详细表述了教练的工作内容和所需技能。其职责包括：识别发展需要；向受教练者、直线经理和其他受益者解释教练过程；帮助制订学习目标和行动计划；根据行为观察，为受教练者提供反馈；对受教练者有关自身能力的观念提出挑战；帮助受教练者识别问题及提供解决问题的可能途径；通过鼓励受教练者对照目标进行评估来支持评估过程；帮助受教练者坚定个人信念，以达成学习目标。由此，其所需的技能主要包括观察与识别、计划和时间管理、分析性解释、谈判、人际关系技巧、帮助等。这些技术可大致分为心理学技术和管理学技术两类。如图 4.3 所示。

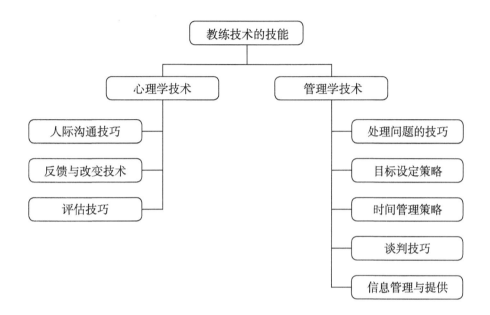

图 4.3　教练技术所需技能示意图

心理学技术主要是人际沟通技巧、反馈与改变技术和评估技巧。人际沟通技巧包括人际效应、倾听、共情、尊重、耐心、幽默、无条件的积极关注、鼓励与推动、语言技术，其目的在于建立良好的教练关系，澄清问题，推进沟通效率。

反馈与改变技术包括理清情绪、不做判断的行为解释、认知行为技术、角色扮演、放松训练，其目的在于通过准确而及时的反馈以及行为技术的使用，引发受教练者的改变，提高绩效水平。评估技巧除了观察言语和非言语的信息外，还包括教练自我评估问卷、MBTI凯尔西气质类型调查问卷、九型人格测试量表等各种量表测量技术，以此来确认受教练者在教练过程前、中、后各阶段的状况。

管理学技术主要包括处理问题的技巧、目标设定策略、时间管理策略、谈判技巧、信息管理与提供。处理问题的技巧包括综合分析问题、问题处理、创造力、适应性和灵活性，虽然教练不是直接告知受教练者处理问题的途径，但是教练必须在头脑中拥有一张清晰的问题处理路径图。目标设定策略包括头脑风暴法、SMART策略等管理学中常用的目标管理技术，目的是帮助受教练者制订明确可行的行动目标，逐步实现变化，最终达到设定的愿景。

时间管理策略可以参照时间管理四方图，帮助受教练者在有限的教练过程中顺利实现变化，提高绩效，同时也起到监督管理的作用。谈判技巧主要是指在教练过程中由于受教练者面临新旧观念和行为模式的冲突，教练需要用谈判的技术让受教练者主动接受改变。信息管理与提供是指由于教练所涉及的问题范围较广，因此需要教练拥有收集和管理相关信息的能力和技巧，同时也需要懂得适时适量地提供给受教练者相关的信息，以帮助其自我学习。

第五节　神经脑科学在教练过程中的重要意义

20多年前开始的对大脑的深入研究让人们越来越清楚要运用什么策略才能符合大脑的运作功能，从而让生活过得有效率。也大约是这个时候，教练学开始出现。

脑中其实储存着各种习惯以及对外界刺激的感受和想法。多数时候为了节省能量，做一些事都是用的"自动模式"（例如从家里开车到公司，停车之后可能去买杯咖啡等）；在教练过程中，当有些事情发生之后，人们可能不喜欢自己的反应，因此开始探讨如何跳出自动模式，并最终跳出来产生有意识的改变。对组织的领导也一样，理解头脑的作用原理能让领导更有效率地工作。

如果用仪器看头脑里的话，就好像风暴的景象，雷电交加，电路错综复杂，有些连接比较粗，表示已经成为习惯，可以不假思索就用上；有些没有连接，代表还没有什么关系。后来科学家谈的神经可塑性，就是说不管年龄多大，只要有意识要培养的，慢慢就会成为"习惯"，不用花太多力气运行资源宝贵的前额叶（类似计算机的中央处理器），如果是对你有用的"好习惯"，那么就是好事一件。

　　人是社交动物，脑中都有社交区域，这意味着人们喜欢被认可、被倾听、被看见、能被爱，希望有归属感。这些需求其实和人们对生存的需求是一样的，例如食物、遮蔽的住所等。当人们觉得安全而且被尊重、有归属感的时候，会自然地投入，因此能有更好的结果。

　　在人类进化过程中，要遵循的最主要原则就是"远离威胁，趋近奖赏"。压力，其实就是一种威胁。人在压力下通常会无法正常思考，因此会想要逃避，也就是在有压力的情况下，要离开原来的场所，换个环境去做另一件事情，从而缓解情绪。

　　情绪的产生通常由边缘系统主导，这是脑中比较古老的部分，通常不具"理性"，而如果我们能够清楚地找到词语来形容当下的那种情绪，就可以抑制边缘系统产生作用，从而能够用比较合理的行为来处理需要被处理的事件。

第 五 章

设立策略和计划

第一节　保持前进的动力

一个人想要到哪里去，必须有一个明确的目标，不然不光自己会感到迷茫，就连其他人想要帮助自己时，也会觉得无从下手。在FBI的发展历程中，能够看出目标的重要性。

美国联邦调查局，简称FBI，是世界上著名的也是美国最重要的情报机构之一，隶属于美国司法部。FBI会根据自己的职能与授权，在国内外广泛参与重大案件的调查。现在的联邦调查局在美国乃至全世界都是一个不容小觑的情报机构。但是如果了解FBI的成长历史就会知道，FBI在刚刚成立的时候远没有现在风光。

美国联邦调查局于1908年成立，当时的联邦调查局包括FBI特工、会计和民权调查员在内，一共只有34名员工。在这34名员工之中，甚至还有8名是从财政部借调过来的。

FBI早已今非昔比。其总部设立在美国华盛顿市中心的宾夕法尼亚大街，那是一栋米色的大厦，在这栋大厦中有许多金属探测器以及X线机。每天在这里上班的人数量不少于5000，而这仅仅是总部的规模。

除此之外，美国联邦调查局在许多城市还设有自己的分部，这些分部被称为FBI办公室。到目前为止，FBI办公室已经有60多个了。在一些需要FBI的小城市或地区也有FBI的常驻特工，一共有400多人。

除了美国国内，FBI还在全球的60多个国家设立了驻外机构，分别执行总部所分配的任务。

那么，FBI是怎样从一个小机构，扩展成如今这样的规模呢？FBI之所以会成为一个神话，美国前总统胡佛功不可没。许多人认为，胡佛是美国联邦调查局的第一任局长。之所以会产生这样的错觉，那是因为FBI的命运是在胡佛上台之后改变的，可以说是胡佛赋予了FBI新的生命。

在1924年的时候，胡佛还是一个名不见经传的司法部律师。当胡佛被任命为FBI第五任局长之后，就下定决心要把FBI变成美国总统最得力的助手型机构。

事实证明，胡佛一直朝着这个目标而努力。在这个目标的影响下，胡佛所领导的FBI成为美国最重要的情报机构，就连中央情报局（简称CIA）这样的情报机构，其发展程度与FBI相比也略逊一筹。

当胡佛达到这个目标之后，就开始为自己设立新的目标。一个人若想发展，就必须有一个奋斗目标，不然就很容易颓废下去。这时，胡佛已经不满足于成为美国总统的助手，而是想要掌握华盛顿权力大门的钥匙。于是，他开始用手上的"秘密档案库"来威胁各任总统，成为许多总统的噩梦。

美国是一个倡导民主的国家，但在胡佛身上却出现了少见的强烈专制色彩。胡佛在美国联邦调查局的位置上坐了48年之久。就像尼克松的法律顾问米切尔所说的："胡佛会一直待在那里，直到埋葬在那里。"事实证明，胡佛的确一直连任局长，直到过世。

胡佛是个创造了美国历史与FBI神话的人。他之所以如此具有传奇色彩，就是因为他一直在朝着自己的目标努力奋斗。

对于一个人而言，一生之中不能没有明确的目标与方向。明确的目标与方向会直接主导一个人的命运与成就。对于一个团队而言，目标也十分重要，它既是团队前进的动力，又是团队努力的方向，甚至也可以说，目标是创造奇迹与神话的基础。

第二节　制订实现目标的策略和计划

一、制订训练计划的意义

竞技运动要想获得良好的训练和比赛效果，关键在于训练的科学性，而体现科学性的一个重要方面就是计划性。

制订训练计划是整个训练工作中不可缺少的重要环节。训练计划是对未来训练工作事先做出理论性的设计，使训练工作能够有目的、有步骤、有条不紊地朝着规定的目标（远大蓝图）发展，从而促进技术水平的迅速提高，创造优异的运动成绩。

由于竞技运动的特点是对抗紧张激烈和技术、战术复杂多变，所以要求必须对运动员进行多年的系统的训练。运用有关运动训练及多方面的科学知识和手段（包括录像、高速摄影、电子计算机、各种数据和指标）预先制订切实可行的训练计划。

制订训练计划要有预见性。这个预见性是在广泛调查研究和摸清各方面情况的基础上，科学地安排训练工作，避免主观性，使主观设计与客观情况接近或吻合，并在客观实践中验证，不断加深对运动训练规律的认识，总结经验，提高训练的质量与效果。

二、制订训练计划的依据

运动训练计划制订依据之一是竞技训练工程结构。竞技训练工程结构主要由训练工程结构和参赛工程结构综合构成。训练工程结构主要由训练过程规划、训练过程实施、训练过程监控3个环节构成；参赛工程结构主要由赛前竞技策划、赛中竞技实战和赛后竞技评价3个环节构成。从工程角度分析，优异运动成绩的创造就是竞技训练工程竣工的标志。因此，竞技训练工程结构是通过科学制订训练过程规划蓝图、提高训练过程实施质量、强化训练过程监控功能、缜密策划赛前竞技谋略、充分彰显竞技实战水平和认真做好赛后竞技评价6个环节的流程推进训练工作。训练工程是通过认真规划、科学实施和有效监控的过程得以完善的；参赛工程是通过参赛策划、大赛历练和赛后评估等环节取得优异运动成绩的。因此，竞技运动训练过程始终应当置于过程有规划、实施有依据、全程有监控的工程构建模式当中。

运动训练计划制订依据之二是训练过程分期理论。现代竞技运动优异成绩的获取和优秀运动员的成长历程表明，运动训练过程是一个内容复杂、周期较长的系统工程。从时间跨度的序列角度看，整个训练过程可以分解为单元训练（课）、日训练、周训练、阶段训练、周期训练、年训练、多年训练等不同时间跨度的训练过程，其中，前一个过程都嵌套在后一个过程之中，后一个过程又都是若干前一过程的有机串联。通常，根据优秀运动员不同时期的成长特点和训练目的，可以将整个训练过程分为兴趣启蒙、专项初级、专项提高、创造优异成绩、保持运动寿命5个训练时期。当然，不同训练时期都由多年训练过程组成。由于不同时期的运动专项特征和训练目的各不相同，各个训练时期的训练任务、内容、重点也不同。由此可见，正确地认识和科学地掌握竞技运动训练分期理论，是制订不同类型训练计划的重要依据。

运动训练计划制订依据之三是竞技状态形成机理。竞技状态是指运动员适时获取理想成绩的最佳状态，竞技状态的显著特征就是竞技能力的和谐和优异成绩的突破。竞技能力由机能、素质、技术、战术、心理、智力等重要因素构成，它既是竞技状态形成的基础条件，又是运动训练的主要内容；竞技状态是竞技能力的和谐体现，是运动竞赛的表现形态。一般认为，竞技状态形成机理主要是由超量补偿原理和重大赛事制度决定的。正因如此，竞技状态是呈周期变化的，即竞技状态从获得到保持再到消退这一过程都是周而复始循环往复地螺旋式提升的。由于运动超量补偿效果取决于负荷与恢复的作用，重大赛事制度的安排取决于赛程和规则的设计，因此，竞技能力的发展进程和竞技状态的出现时机与训练计划科学设计和科学实施休戚相关。由此可见，竞技状态的形成机理，是制订不同类型训练计划的重要原理。

三、国际上制订训练计划的方法

1. 确定赛季的主要目标

选出赛季的一个目标，使教练员能够构建完整的身体训练计划来达到目标，同时还要设计高峰时期、阶段训练周期的计划。很简单，运动员要有为之奋斗的目标，建立一个清晰的赛季目标可以给予运动员内在的激励。

2. 确定运动员的优势和弱点

确定运动员的优势和弱点可以使教练员区分身体训练计划的正确与否。一名运动员内在的弱点需要花费时间去克服，而一名强壮但缺乏身体控制能力的运动员则需要花费时间进行技巧练习。这个过程可以使教练员优先进行区分，之后，运动员可以主要针对自己的弱点进行练习，弥补不足。

3. 确定训练周期模式，使运动员达到最佳竞技状态

周期训练方法的好处有：第一，身体训练计划的改变有助于激励运动员，一种训练方法不要持续很长时间，以防运动员产生厌倦情绪。第二，大部分运动项目对力量、速度、灵敏、柔韧和耐力都需要某种程度的平衡，周期训练可以使教练员在身体训练中侧重于每一个因素。

4. 确定身体训练计划中的每一个阶段目标

每个身体训练阶段都应在运动员计划中认真安排，这样训练目标与训练阶段才会相辅相成。该目标可以明确地提出是提高耐力（最大吸氧量）还是改进身体姿势。最好是详细说明目标，这样运动员可以明确奋斗的方向。这一点在冬季期训练激情开始衰退时特别有用。

5. 确定训练周期达到目标的最佳方法，从而测定运动员是否达到这些目标

一旦确定训练目标，教练员就应该认真考虑如何在身体训练计划中安排练习。当然同等重要的是，要确定出最好的检测方法，以了解运动员是如何逐渐取得训练效果的。如果训练目标是提高上肢力量，那么最适宜的检测方法是让运动员举起一次最大重量或重复仰卧推举5次最大重量，如果训练目标制订得较为笼统，如提高意志力，那么测定就比较困难。不管怎样，对运动员练习前后的情况进行比较，可以为教练员提供定性的反馈信息，甚至能评分或认定运动员的进步或退步。在评估运动员的进步中，要尽量客观，但是当训练目标较难判定时，主观评定比什么都不说更好。

6. 确定每次练习活动的内容，并知道如何使用这些活动达到训练目标

当制订训练计划时，教练员要问自己两个问题。第一个问题是，这是达到目标的最有效方法吗？第二个问题是，这是否是达到目标较安全的方法。回头看一下增加上肢力量作为训练目标的例子，仰卧推举可能是专门性练习，但是仰卧臂拉起、引体向上也适合于练习。关键是确定哪种练习最有效和安全，它是如何与运动项目、运动员的经验和身体状况要求相联系的。

7. 确定如何把练习的不同部分结合起来，使运动员的练习强度、间歇时间、动机和乐趣能恰到好处地结合，以便达到练习目标

如果练习内容是正确的，运动员将不断地达到练习目标；如果练习内容不正确，在遵循上述 1—6 阶段进行练习时，就要进行逻辑上的修改。制订正确的练习内容是训练计划的本质。

第三节 训练过程的分期

一、不同训练时期

运动训练过程划分是指将整个运动训练过程，根据优秀运动员竞技能力提高的规律和不同时期训练目标的需要，合理地分解成不同的训练时期，如图5.1。从系统工程建设的角度来看，可将优秀运动员从启蒙基础训练阶段直至保持运动寿命阶段分解成相应的工程建设期。由此可见，全部训练过程划分既是遵循竞技能力发展规律和满足不同训练时期目标要求的需要，又是整个竞技训练工程科学推进的工期安排。两者内部的过程分期与工期划分具有高度的相似性和类比性。

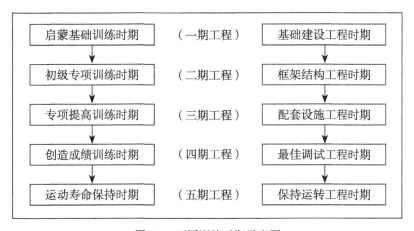

图 5.1　不同训练时期示意图

（引自：国家体育总局科教司．现代教练员科学训练理论与实践［M］．北京：人民体育出版社，2015.）

通常，优秀运动员创造优异运动成绩的成长时期的特点是1年入门、3年成形、5年成材、8年成器。由此可见，优秀运动员成长历程的各个时期多数情况下都须历经多年的训练过程。全部训练过程的划分主要依据竞技能力提高规律、各个时期的训练任务和各个阶段的时间跨度3个要素。相对而言，竞技训练工程工期的划分不仅需要依据上述3个要素，而且需要根据工程结构的内部要素布局各个工期的内容和进度。

二、不同训练计划

正是由于训练过程的分期和多年训练过程的细化，现代运动训练计划相应地可以分为单元训练计划、周训练计划、阶段训练计划、周期训练计划、年度训练计划、多年训练计划6种计划：其中，前一种训练计划都是依据后一种训练计划的任务和时间划分而定。例如，一个阶段的训练计划既是周期训练计划的组成部分，也是小周训练计划制订的依据。

由图5.2可知，6种训练计划的特点并不相同。一般认为，多年训练计划、年度训练计划和周期训练计划的特点相对具有远景、稳定和框架性的特点。阶段训练计划、小周训练计划，特别是单元训练计划（训练课教案）则具有现实、多变和具体性特点。不同时期的训练计划具有不同的内容、功能与目的。认识和掌握这些训练计划各自的主要内容、功能与目的，是现代教练员科学驾驭各个训练过程的关键。

计划特点	计划种类	计划功能	时间跨度
远景、稳定、框架 〉〉〉 现实、多变、具体	多年计划	远景目标规划	2-8年以上
	年度计划	中期目标规划	1-3个周期
	周期计划	近期目标规划	3-6个月
	阶段计划	较为详细设计	1-3个月
	周计划	确定内容重点	7天左右
	单元计划	具体训练方案	1-3小时

图 5.2 不同训练计划示意图

（引自：国家体育总局科教司．现代教练员科学训练理论与实践［M］．北京：人民体育出版社，2015.）

第四节　训练计划的制订

（一）多年训练计划的制订

乒乓球的训练周期节奏一般分为4年打基础阶段（少儿训练阶段）、4年提高阶段（青少年训练阶段）、12年达到竞技阶段及保持竞技阶段（成年训练阶段）。

一名运动员从启蒙到成才一般的周期约为12年，根据我国现行的比赛制度，不同年龄的运动员训练内容不相同。

多年训练计划是长期训练计划的一种，其特点是多为远景式的、原则性的、概括式的框架性结构。

（二）年度训练计划的制订

由于年度训练通常被作为组织多年系统训练的基本单位，因此它是各种计划中最重要的计划，它的作用是承上启下。年度计划需确定训练周期的划分和大周期中各时期、阶段的训练要点和主要内容安排。

1.周期的划分

从一个年度中所含的大周期的数量，可把年度计划分为单周期、双周期和多周期的计划。单周期：以1年为1个周期，整个年度作为1个大周期。双周期：以半年为1个大周期，1年2个大周期。多周期：以1季度为1个周期，1年有4个周期；以1个月为1个周期，1年有12个周期。

确定周期的主要根据是各种比赛的安排，如1年有4次比赛（巡回赛、邀请赛、等级赛等），就可将1年分为4个周期。

2.大周期中各个时期、阶段的训练特点

1个大周期可分为准备期、比赛期和休整（过渡）期3个部分。准备期和比赛期又可分为若干个阶段。在制订计划时，要特别注意各个时期、阶段的衔接，以保持训练的连续性。

（三）阶段训练计划的制订

这里所说的阶段训练是专指全年训练之中的特定时间范围内的训练。这个特定时间通常为半个月至半年。

从阶段训练和全年训练的关系来看，可将其划分为两种不同的类型。一种是作为完整的全年训练过程中的一个有机组成部分，即一个时期或一个特定阶段的训练。而第二种则是指中短期临时性的集训。从训练的角度来看，后者表现出更加突出的阶段性和独立性。

在地区性比赛之前，会经常组织这种中短期的临时性集训。与这两种阶段训练相适应的阶段训练计划也分为两种：一种是全年训练计划或一个大周期训练计划的有机组成部分；另一种则是独立的中短期集训计划。

一、阶段训练计划的构成及其负荷特点

一个阶段的训练过程可以看作若干个周训练过程的组合。这些周的训练过程，既有各自的鲜明特点，又彼此连接，互相依存。

在系统的全年训练过程中，常常为完成某一个特定的训练任务而制订连续几周的专门阶段训练计划。例如，加量的阶段训练计划，加强度的阶段训练计划，发展最大力量的阶段训练计划，连续比赛的阶段训

计划等。每个阶段训练计划都由一组具有独立任务的周训练计划构成。

在实际训练过程中，要从运动员的具体情况出发，根据阶段训练的任务、指标及整个阶段所包含的周次，恰当设计好阶段训练的结构。

二、制订训练计划的内容

尽管不同类型的训练计划在内容上有各自的特殊要求和侧重点，但基于不同时间跨度的运动训练过程的基本结构都是一样的，即使是不同训练过程的设计、不同的训练计划也有着许多共同之处。

1.训练计划的基本内容及制订计划的流程

根据计划内容在运动训练过程中的意义，将其归纳为准备性部分、指导性部分、实施性部分、控制性部分。通常在制订多年训练计划和年度训练计划时，应特别重视指导性部分，而在制订具体的周计划、课计划时，还应认真考虑实施性部分。

2.各类训练计划共有的内容

共有的内容包括：运动员的现实状态；训练指导；训练过程的阶段划分；各阶段的主要任务、要求、比赛的安排；运动负荷动态变化的趋势；训练的方法和手段；各训练手段的负荷要求，恢复措施；检查评定的内容、时间及标准。

3.个别训练计划特有的内容

特有的内容包括：确定每名运动员的训练任务及指标；制定左手运动员的训练方法与手段；根据不同类型打法划分训练周期；特长技术与全面技术的兼容并蓄；创新技术与改革打法的相互辉映。

4.四个部分的目标

（1）准备性部分

准备性部分是指对运动员起始状态的诊断和确立训练任务与指标，这两项工作是运动训练过程中与训练计划的制订并列的两个独立的重要环节。运动员起始状态的诊断是指运动员的专项成绩、机体机能、素质、形态、心理、智力、品德等综合能力指标在上一训练过程中的最佳状态，以及训练计划完成情况和制订新的训练计划时的现实状态。

确定新的训练目标的基础，建立新的训练目标，包括多年训练目标、全年训练目标及阶段训练目标、参加各主要比赛的专项成绩指标、各训练阶段的考核水平的评定、各竞技能力及综合能力的具体指标等。

（2）指导性部分

指导性部分是训练计划的主体部分，故具有战略意义。根据训练计划的目的、目标和根据各阶段训练的任务与指标来制定出符合当前形势与阶段特点的整体训练框架及训练趋势。时间跨度越大的训练过程，指导性部分的意义就越大。

（3）实施性部分

实施性部分主要解决训练过程中训练内容的安排与相应训练方法和手段的选择，以及各训练手段的负荷量、强度的要求及协调问题。同时须兼顾负荷后应如何恢复和采用什么方式、方法进行恢复的问题。

（4）控制性部分

现代运动训练的另一个特征就是对运动训练过程实行控制，以达到科学化、智能化训练的目的。具体体现在：训练的系统性，即实行多年系统训练；训练周期安排的多样化、精细化；运动负荷增大，负荷定量化；恢复训练已成为训练的重要内容；专项训练手段增多，讲求反馈；训练手段、方法综合运用；讲求心理、智能训练及调控；讲求女子训练男性化的调控。

三、训练计划的格式

多年、年度、周期、阶段、小周训练计划的格式主要分为文字和表格式两种。这里主要介绍的是表格式的训练计划样板，如图5.3和图5.4所示。

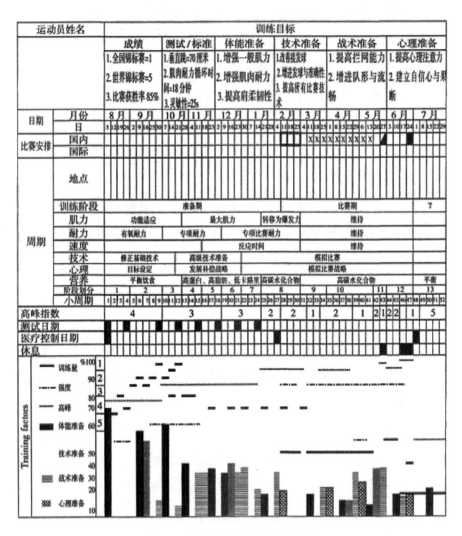

图 5.3　年度训练计划的格式范例

（引自：Tudor O.Bompa，等．Periodization：Theory and Methodology of Training-5th Edition［M］. 李少丹，等，译．北京：北京体育大学出版社，2011.）

训练目标：															
指导思想：															
现实状态：															

阶段划分		第一阶段						第二阶段							
体能训练内容手段 技能训练内容手段 心智训练内容手段															
月份		一				二				三					
周次		1	2	3	4	5	6	7	8	9	10	11	12	13	14
检查性 指标	X1														
	X2														
	X3														
	X4														
	X5														
	X6														
生理监控项目															
医务检查项目															

负荷　100%
　　　90
强度—　80
量度--　60
状态…… 40
　　　20
　　　10

负荷强度
竞技状态
负荷量度

基本措施：

图 5.4　阶段训练计划的格式范例

（引自：国家体育总局科教司．现代教练员科学训练理论与实践［M］．北京：人民体育出版社，2015.）

第 六 章

训练计划的实施与风险防范

第一节　训练计划的实施

一、实施方法

1.贯彻"三从一大"的科学训练原则和"两严"方针，正确处理重点与一般、技术训练与身体训练、苦练与科学训练的关系，在"细、精、难、尖"上下功夫。努力探索训练规律，大胆改革与创新，采用先进的训练方法、手段，使"三从一大"通过科学手段来实现。专项都要根据发展趋势，确定符合本项目特点和少年运动员身体条件的训练指导思想，形成特有的训练风格。运用多学科知识有的放矢地突破薄弱环节，提高训练的科学化程度。

2.重视对运动队的综合管理和文化教育，搞好全队的政治思想建设。给运动员灌输爱国主义、集体主义及勤学苦练、勇攀高峰、尊重科学、勇于创新的思想作风。把严格要求与关心爱护结合起来，把理论灌输与说服教育和实践结合起来，努力培养出有理想、有道德、有文化、有纪律、勇攀高峰的运动员。

3.通过平时的医务科研监测解决运动训练中存在的问题。在训练恢复方面：变换训练内容和训练环境，交替安排负荷，调整训练间歇的时间与方式，在训练课中穿插和采用一些轻松愉快、富于节奏性的练习等训练手段。课后进行适当放松，严格遵守学校就寝制度，保证休息，出现运动损伤及时治疗。由于运动时运动员的能量消耗大，运动后的能量补充除了考虑补充物的数量，还应注意各种营养素的适宜搭配。在保证一日三餐的基础上，再通过营养剂进行补充。心理恢复手段是利用自我暗示、放松训练、生物反馈等促进恢复。

二、节奏控制

1.训练内容和手段安排的特点

确定不同的训练内容和手段的比例，以及安排好它们之间的顺序是制订周训练计划时应考虑的重点问题之一。关于重点的与全面的训练内容的适宜比例，一般来说，随着训练水平的提高，重点训练内容的比例越来越大，而训练水平越低，全面训练内容的比例则越大。关于训练手段高明的系统与变化的合理运用也是这样。随着训练水平的提高，手段的系统性越来越强，在训练水平较低的时候，训练手段的多样性则更为突出。前者是在系统中注意变化，后者则是在变化中保持系统。

综上所述，在训练过程中，优秀运动员的训练内容要重点突出，手段系统性要强，同时注意相应内容的全面性和变化性；相反，少年运动员训练内容要全面，训练手段的变化性要大，在这个前提下，适当注意安排训练的重点内容和手段的系统性。

关于训练内容的合理顺序，一般来说在机体得到充分恢复后应进行发展协调、速度、快速力量和最大力量练习，在局部疲劳的情况下可进行发展速度耐力、力量耐力和一般耐力的练习。另外，在训练进行过程中，一般在训练的开始阶段和前半段多进行发展协调、速度、快速、力量和最大力量的练习，在后半阶段进行发展速度耐力、力量耐力和一般耐力练习。

2.训练负荷的结构特点

训练负荷的结构是指构成训练负荷的训练手段、方法，以及负荷量、负荷强度排列组合的顺序及层次。安排训练负荷必须考虑到以下因素：第一，负荷的安排必须考虑恢复后的可能。具有不同生理作用的训练形式的恢复过程所需要的时间也各不相同。第二，注意安排好不同内容负荷的交替。在训练安排中应注意各种不同训练形式及内容交替进行，这样就可以避免局部负荷过重的情况，并使训练能系统地进行。

3.训练节奏的结构特点

由于大多数训练负荷的恢复需要1—3天的时间，所以，在实践中形成了把一周的训练分成两个部分来安排的方法，这种方法可以叫作计划性的两个阶段（在训练中称之为双高峰），通常以周三或周四为界限，并在两个阶段之间安排一些积极性休息或调整进行过渡。从实践来看，两个阶段的安排多用于训练周的训练。

应当注意的是，超量恢复的集合安排是周训练节奏的第二个特点。比赛周的训练安排要求运动员竞技能力的各个方面都在比赛时处于最佳状态，但不同的负荷又有不同的恢复时间，所以为了在比赛时表现出最佳的竞技状态，就应该力求把各种不同性质的负荷内容分别安排在周训练计划的不同训练日，以求不同竞技能力的超量恢复集中出现在比赛日。这种周节奏安排叫作超量恢复的集合安排。

第二节　训练效果的监控

一、常用生理生化监控指标

运动训练时人体内部一系列生理生化的变化是机体对所承受运动负荷的客观反映，即机体对运动训练的应激能力。训练负荷太小，运动能力提高不明显；训练负荷过大，不仅不能提高运动能力，反而损害身体健康。因此，在运动训练中，合理运用生理生化指标的测量方法来评定运动员的机能状态，对选材、医务监督、控制训练负荷、判断运动疲劳、防止过度疲劳和运动损伤的发生、有效地挖掘人体的运动潜力、提高竞技能力等，均有十分重要的意义，并已经成为科学训练的重要环节。

因此，如何正确评定运动员机能状态，掌握更多理论知识、方法手段是运动项目亟待解决的重大问题之一。生理生化指标可以对比赛过程中的运动量、强度以及赛后恢复等情况做出科学的评定，而且生理生化指标的联合运用使运动训练或比赛的监控更具有可靠性。常用的生理生化指标如表6.1所示。

表 6.1 生理生化监控表

指标	监控目的	功能	来源
心率（HR）	一次或一组动作的运动强度	可作为100%最大摄氧量强度以下训练的强度定量指标，对100%最大摄氧量强度以上的训练只能定性分析	由心肌窦房结发出冲动，受交感神经、迷走神经调控，受呼吸等因素的影响
	阶段性训练效果评估	系统耐力训练后安静心率下降，或同样负荷的亚极限以下强度运动后即刻心率下降或心率恢复速度提高，均说明心功能提高，有氧能力提高	
	阶段性机能状况评估	短期内基础心率突然明显加快，提示运动员不能适应当前训练负荷，机能状态下降，如心率突然显著减慢，提示可能有疾病的存在	
血压（BP）	阶段性机能状况评估	安静时血压升高20%左右，并持续两天以上时，可能是机能下降或过度疲劳的表现 运动时脉压差增加的程度比平时减少或出现梯型反应、无休止音及运动过程中收缩压突然变化下降达20mmHg时，提示运动员机能状况较差	血液对动脉壁的压力，受植物神经、内分泌激素及血管内皮质素等调节
血红蛋白（Hb）	一堂训练课或一个训练日的训练负荷	既能够反映训练负荷强度，也能够反映负荷量。连续测定恢复期值可检测一个小周期训练负荷的变化。一个小周期训练后如果下降明显，说明运动员不能够适应训练负荷，下降超过20%为过度训练的表现之一	由骨髓、脾脏等造血器官生成，受遗传因素、蛋白与铁营养、EPO等激素的影响
	血液携氧能力	男运动员血红蛋白低于120g/L，女运动员低于110g/L时，可诊断为贫血。男运动员血红蛋白达到160g/L，女运动员达到140g/L时，最适宜发挥人体最大有氧能力	

（续表）

指标	监控目的	功能	来源
红细胞系	血液携氧能力	大负荷训练后，数值下降程度与疲劳水平呈正相关。另外，辅助血红蛋白指标对贫血进行诊断与分析	单位血液中红细胞的数量、体积、血红蛋白含量
血清睾酮（T）	一个训练周期的训练负荷	反映一个小周期或大训练周期训练负荷大小。如一个周期的训练后明显下降，则表明训练负荷过大，运动员不能适应；如不下降或下降幅度不大，表明运动员能够适应	由下丘脑—垂体—性腺轴调控，由性腺和肾上腺分泌
	运动员恢复能力评估	运动后恢复期，血清睾酮高，表明机能状态好，恢复能力强；血清睾酮低表明机能状态差或恢复能力差	
血清皮质醇（C）	一个训练周期的训练负荷	一个周期训练后，相同负荷运动时，血清皮质醇浓度上升幅度下降，是适应运动量的表现，表明训练负荷适合；如上升幅度增加表明训练负荷过大	由下丘—垂体—性腺轴调控，由肾上腺皮质分泌
	运动员恢复能力评估	运动后恢复期，血清皮质醇持续偏高，恢复到正常水平时间长，表明机能状态差或负荷不适应	
T/C	一个训练周期的训练负荷	反映运动员对一个训练小周期或大周期训练负荷的适应情况，升高表示适应良好，下降超过25%提示过度疲劳	代表身体合成、恢复状况
血清肌酸激酶（CK）	一堂训练课或一个训练日的训练负荷	随着运动强度增大血清肌酸激酶会升高，反映一堂课或一个训练日负荷强度的大小；连续测定恢复期值可监测一个小周期训练负荷强度变化；测定次日恢复值可评定肌肉疲劳后的恢复情况	大强度运动或运动损伤造成骨骼肌细胞或心肌细胞受损、凋亡，血清肌酸激酶由肌细胞中渗透到血液
	肌肉损伤及恢复情况	大幅度异常升高表明有肌肉损伤，连续监测可反映肌肉损伤的早期恢复情况	

（续表）

指标	监控目的	功能	来源
血乳酸 （BLA）	一次或一组动作的强度	运动后测定最高血乳酸水平可精确定量分析运动强度	糖酵解代谢终产物
	阶段性训练效果评估	训练一个阶段后，同样运动负荷运动后血乳酸水平下降，说明训练水平与运动能力提高；同样运动负荷后血乳酸清除迅速提高，说明有氧能力提高	
血氨 （BNH$_3$）	一次或一组动作的强度	评定极限或亚极限运动中ATP-CP系统的供能情况	大强度运动中AMP的降解；长时间耐力运动中氨基酸的降解
	阶段性训练效果评估	相同运动负荷后，运动员血氨升高的幅度减少表明训练水平提高	
血尿素 （BU）	一堂训练课或一个训练日的训练负荷	课后测定反映耐力训练负荷量，值越高反映负荷量越大；次日测定恢复值可评定机体的恢复情况，超过7mmol/L表示疲劳未完全消除，提示训练负荷过大；连续测定恢复期值可监测一个小周期训练负荷量的变化	蛋白质和氨基酸分解最终代谢产物
尿蛋白	一堂训练课或一个训练日的训练负荷	课后测定既能够反映训练负荷强度，也能够反映负荷量，需结合训练目的、方法，并结合训练成绩来评价；测定次日恢复值可评定机体的恢复状况，连续测定恢复期值可以监测一个小周期训练负荷的变化	肾小球滤过率升高、肾小管回吸收率下降及分泌物增加
尿酮体 （UK）	一堂训练课或一个训练日的训练负荷	课后测定，反映耐力训练负荷量，大负荷量训练后升高；属于辅助性指标	脂肪酸分解代谢中间产物
尿潜血、尿胆红素、尿胆原	一堂训练课或一个训练日的训练效果	课后测定，反映耐力训练负荷量，大负荷量训练后升高；属于辅助性指标	红细胞及红细胞破坏后血红蛋白代谢产物由肾脏排至尿液

（续表）

指标	监控目的	功能	来源
无氧功率（WAT）	一个训练周期无氧训练效果	评价一个周期无氧训练方法和负荷安排合理性、有效性	由ATP–CP系统及糖无氧酵解系统做功能力决定
最大摄氧量（VO_2max）	一个训练周期无氧训练效果	评价一个周期无氧训练方法和负荷安排合理性、有效性	由心肺的氧转运、肌肉有氧代谢做功能力等决定
无氧阈（AT）	一个训练周期无氧训练效果	评价一个周期无氧训练方法和负荷安排合理性、有效性	由肌肉有氧做功能力决定

二、训练强度与负荷监控指标

训练强度与负荷是指单位时间内单个或单组动作中运动员身体承受的外部刺激源所引起的内部应答反应的程度。20世纪50年代至60年代比较流行通过提高训练量来提高运动成绩，而现代训练中大训练强度才是提高运动成绩的主要手段。对重点训练课负荷强度进行监控，其目的是了解机体所受训练刺激的程度，明确机体的生理负荷反应和恢复情况，从而评价重点训练课安排的合理性和运动员机体的适应性。科学地监控负荷强度不仅能防止运动损伤和过度疲劳的发生，而且能够有效地提高训练的科学性与训练的效果。

训练必须"从实战出发"是科学训练的一个基本要求，为使训练强度达到比赛强度的要求，首先应对比赛负荷进行监测，并用于指导训练。比赛负荷监控实际上就是"多项负荷监控"，从而体现各项目特征。常用指标有比赛或训练心率、血乳酸、血清肌酸激酶、血红蛋白、血尿素、尿蛋白、尿酮体等。

运动强度与负荷监控是一个非常普遍的负荷监控手段，不同于其他监控手段类型固有的单一性，它不分运动项目、不分性别、不分年龄，只要是有运动，有训练，并且要讲究科学性，就必定要对运动员进行负荷监控，运动负荷监控的目的是确保运动员能够得到适合自己运动负荷的训练，使运动员能够完成训练计划，保证训练的顺利进行，它对提高运动员的训练水平、发挥运动最大潜能、预防损伤、避免运动疲劳，有着重要的作用。所以，本书要对运动负荷监控的内容进行简要的分析，初步了解运动负荷监控手段的方法和内容。

运动训练负荷监控就是要对训练时人体所承受的生理负荷进行监控，而负荷分为量度和强度，而监控就是要通过各项生理生化指标来对人体所能承受的负荷量度和强度进行分析评价，并做出合理的判断，从而使运动员得到合理的运动负荷。它主要是对人体的心率、血乳酸、肌酸激酶、血红蛋白、血尿素进行分析对比，做出合理的评价，给出正确的指导。让教练员掌握运动员实时动态的机能状态，从而给予运动员合理的运动训练手段。下面就对这些生理生化指标进行简要的叙述。

1.心率（HR）

心率是日常训练中最普遍的监控指标，它用来反映运动员安静时的心率和训练时的心率的不同，心率的增加和运动强度有直接关系，和运动强度的大小、运动时间、运动员的机能水平、训练水平也有关。所以心率是反映运动员机能状况最有效的监控指标。

2.血乳酸（BLA）

血乳酸是体内糖代谢的中间产物，同时也是有氧功能系统的氧化基底，运动时血乳酸浓度的升高主要是由于肌肉中乳酸的升高，通过对运动时肌肉中乳酸含量的测定，然后和平时安静时运动员肌肉中乳酸含量进行对比，从而判断出运动员的运动量和机体所动用的供能系统，以及该名运动员血乳酸的最大临界值，从而制订相应的训练计划，给予合适的负荷，达到教练员所要训练的目的。血乳酸的含量主要是判断运动员的无氧运动能力，教练员可以根据运动员的项目需求来按照血乳酸的含量进行训练，以达到该项目运动供能的需求。

3. 肌酸激酶（CK）

肌酸激酶属于转移酶类物质，能将高能磷酸键转移到ADP（腺苷二磷酸），从而合成ATP（腺嘌呤核苷三磷酸）进行磷酸原供能，它主要存在于高强度剧烈运动的项目监控中。人体中肌酸激酶的含量高就能有相对较好的快速供能水平，使人体在短时间内发挥出较强的身体能力。也可以通过其数值比较，来判断运动员的负荷程度，找出适合运动员的训练负荷，从而避免疲劳和运动损伤。

4. 血红蛋白（Hb）

血红蛋白是红细胞中主要运输氧和二氧化碳的载体，并且还维持着血液的酸碱平衡和pH值的恒定，所以血红蛋白的含量是体现人体有氧运动能力的重要指标，当人体对运动负荷适应时，血红蛋白含量最高，相反，如果过度训练和过度疲劳，会导致血红蛋白的浓度偏低，所以可以通过测量人体血红蛋白的含量来判断人体有氧运动的能力，来制订相应的负荷，从而发挥出运动员最大的有氧运动能力。

5. 血尿素（BU）

血尿素是氨基酸和蛋白质的分解代谢产物，在肝脏中合成然后再释放到血液中。教练员可以通过测量运动员的血尿素来判断运动员的运动量，从而进一步判断运动员的运动负荷情况，判定疲劳程度和机体状态，来适时改变运动量和采取恢复手段，避免造成运动员伤病。

这些运动负荷监控的内容都是要与运动员安静时的数值来进行对比

的，或者与已有的各个项目优秀运动员的测量数值比较，以此判断运动员的负荷程度，从而做出相应的训练计划予以应对。其中负荷的量度和强度可以根据项目的特点和训练计划制订相应的监控内容。如血尿素的浓度高低可以判断出运动员的运动量；肌酸激酶的含量可以测量出运动员运动强度的大小，可以让教练员多发展运动员的磷酸原供能系统，避免训练的不专一性。但由于监控测量需要在运动员的运动过程中测量，要求测量的准确性和数据的时效性，所以运动负荷监控是一个非常严谨和专业的学科，需要认真务实的态度和耐心，并且需要多学科知识内容的储备和经验，才能做好运动负荷监控的工作。通过这些监控数据，让教练员熟知运动员的各项身体状况，从而制订训练计划，使运动员完成训练，提高身体素质，发挥运动潜力，创造优异的运动成绩，同时也免除运动员运动损伤的烦恼，防止运动疲劳的发生，从而降低运动员的伤病风险。

第三节 计划风险的预估

作为教练，必须要提前了解市场的变化，要看客户想要什么、需要什么等。在过去，这些素材的积累往往需要大量的时间和经验，且对市场有足够的了解，才能制定出未来的发展战略。但是现在回过头来再看，企业未来的发展或者下一步的发展已经很清晰，特别是通过借助先进的技术手段或者工具，可以辅助企业的管理者提前制定好企业及业务下一步发展的方向。

预估计划风险，就是在正确的时机，通过一定方法，把实时的知识提供给需要这个信息的企业或者人。这样的预估，能够通过洞察把数据转变成为知识，让企业以及业务人士充满信心地做出决策、对未来做出预见，并且在机遇和风险之间找到平衡。

对于教练而言，如果能够通过训练计划实现业务的增长，无论是对于企业管理者还是企业未来的发展都具有非常重要的意义。

首先，它能够让管理者知道市场的变化，能够让企业提前做好应对准备，避免打无准备的仗。

其次，降低企业风险。依托技术再加上企业管理者多年的从业经验，使战略决策、业务发展变得更加科学、严谨，大大降低企业的风险。

第三，破冰挑战。在市场竞争激烈的现在，通过预估风险为企业决策者提供所需洞察力，方便他们预测事态发展，利用未来趋势并提前应对挑战，将高级预测分析工具广泛应用于信息和流程领域，企业可以自信地预测未来的情况，优化行动，进而取得更卓越的业务成果。

如果从企业下一步以及未来的发展来看，现在的企业无论是从决策上还是业务战略的制定上都已经离不开技术的支持，特别是移动互联网、大数据时代，企业拥有大量的内外部数据基础，而正是这些技术以及数据的基础为企业业务预测分析奠定了良好的基础，而且也为企业开展业务预测、提升业务洞察力带来了良好的发展机遇和挑战。这些机遇体现在：第一，通过先进的技术手段或者工具，来预测出下一步业务增长方向，以更好地服务客户，获得更多的市场份额。第二，以最优的业务形态来适应市场的变化，当市场发生变化时，企业能够提前并且及时做出业务调整，从容应对业务存在的挑战。第三，让企业管理统一化。预测分析不仅可以带来业务的机遇，而且可以使企业的管理统一化，提升企业的管理能力。

不过，虽然预测分析带来了一系列的好处和机遇，但企业在开展预测分析时仍然存在一定的挑战。比如对于一个企业而言，虽然已经意识到预测的重要性，但不知道如何去开展，面对成千上万的数据量，数据无法形成有效的价值以及决策，企业用户在选择技术或者产品时往往很难获得商业洞察力，究其原因是未选择到合适且先进的产品解决方案。另外，从技术的角度来考虑，对于企业的CIO（首席信息官）以及管理者而言，最重要的一点是，企业需要在短时间内开展预测分析以应对业务需要，但面对大批量的数据以及部分服务商所提供的产品能力，虽然部分功能是可以实现的，但往往在时间、速度上很难得到保障，使预测业务的速度变得非常慢，以致错失市场机遇。种种因素导致了企业在开展预测服务时，仍然存在许多的挑战。

第四节 计划风险的控制

高水平运动员在进行训练时，需要承担一定的风险，典型的风险包括过度训练、运动损伤和生病。在训练中，为了避免这些常见的问题，就要尝试去寻找适合自己的强度。这意味着要在"训练：对身体施加压力"和"训练后：身体休息恢复"之间，寻找一个稳定的平衡点。这种循序渐进的过程，和养花十分相似：植物在吸收土壤中适量的营养元素和水分后，就会生长、开花；要是施加过多的水和肥料，它反而会枯萎，无法把潜力发挥。训练是一样的道理：适度训练使你成长，过度训练使你崩溃。

首先要明确一点，人体对训练压力的反馈有四个阶段：

第一阶段是"适度训练"，在训练后机体会很快得到恢复。训练负荷增大后，来到第二阶段："机体的功能性过度使用"，这是提高身体素质的必经之路。如果持续保持此前的负荷，就会到达第三阶段："机体的无功能性过度使用"。这是一种疲劳状态，体能停止增长，运动员必须马上开始休息恢复。若仍然继续增加负荷，就会导致过度训练，也就是第四阶段。过度训练，是指运动员由于疲劳的连续积累，导致机体出现功能紊乱或病理状态的情况。它是一种训练与恢复、运动与运动能力、应激与应激耐受性之间的失衡状态。

那么，如何在训练中得到适量的压力？这是由每个人自己的经验确定的，没有任何一个万能公式来确定运动员训练的持续时间、频率和强度。这种高度个性化的计划，必须通过一段时间的观察才能确定。通过一定的经验，就会知道什么时候持续时间太长，什么时候训练频率过高。它们之间的关系如图6.1所示。

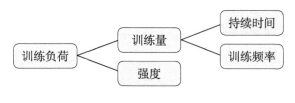

图 6.1　训练负荷示意图

最常见的症状是，运动员的恢复速度会变得十分缓慢，甚至需要大于36个小时的恢复时间。如果在训练后48小时仍然感觉疲劳，那么就可以确定之前进行的训练是过量的。运动员的反馈已经达到了第二阶段"机体的功能性过度使用"，甚至可能已达到第四阶段"过度训练"。在这种情况下，"疲劳"意味着无法再重复一次这样的突破性训练。当然，通过耐心且适度的训练，体能素质逐渐增长，曾经会引起第二阶段"机体的功能性过度使用"反馈的训练在现在对运动员而言可能就降低成了第一阶段的"适度"。

有时，一个有经验的运动员，会冒着风险进行第二阶段的训练，甚至可能会连续尝试好几次。这种行为必须十分谨慎，要仔细计算训练风险，并时刻关注自己的疲劳感。为了避免运动损伤、疾病和过度训练，在训练时需要一定程度的节制。即使只是过度消耗几天，整个赛季都有可能报销。因此，耐心是必要的，特别是在进行有风险的训练时。

另一方面，在基础期或发展期时，如果运动员完成了两到三周的训练后身体却仍然没有疲劳感，那么就说明训练得不够，换句话说，训练强度太小了。风险太低，运动员就得不到可观的回报。身体素质与疲劳在适度的范围内呈正相关，如果想要拥有更强的体能素质，必须适度训练使身体经常受到刺激。因此，疲劳是一件好事，它并不是需要完全避免的事情，这里唯一需要注意的就是疲劳持续的时间。

明智地利用身体的疲劳，不要把它浪费在锻炼不适合自身的体能素质上，要有目标地进行训练。

对于一个运动员，他的训练（包括比赛）大部分时间应该处于第一阶段，完成"打基础"的过程。第二阶段就像一个临界点，区间非常狭窄，很容易就会进入第三、第四阶段。但第二阶段却是身体实现"突破"的必经阶段。

因此，运动员积累训练经验的过程，就是学习让自己训练进入第二阶段，却不进入第三阶段（或者进入第三阶段后及时停住）的过程。这感觉就像游走在钢丝上，随着训练程度的提高，"走钢丝"的难度也会越来越大。

另外，进入第二阶段的"窗口"，需要足够的第一阶段训练的积累才会实现。显然，第二阶段的训练时间占总的训练时间的比例是很小的，无法长时间"保持"在此阶段；当想要贪心地留在第二阶段时，实际上就会很容易进入第三、第四阶段的"过度训练"了。

综合所述

第一阶段：打基础，容易控制（风险小），占时间比例大。

第二阶段：突破，不容易控制，占时间比例小。

第三阶段：红灯，必须及时停住；但对于"贪心"的运动员来说，第三阶段看上去和第二阶段没有区别，这时就很难控制了。第二、第三阶段属于风险大但收益也高的阶段。

第四阶段：身体已经超出极限，只能从头再来。

第五节　风险的应对

一、常见的受伤原因

1. 没有准备活动

在神经系统和身体各器官系统没有被动员起来的情况下就进行训练，由于肌肉、韧带没有活动开，身体协调性差，故而很容易发生软组织拉伤和关节扭伤。另外，准备活动的量过大，会造成身体在进入正式训练前已感疲劳，正式训练时身体机能已不处于最佳状态而是有所下降。统计资料表明，缺乏准备活动或准备活动不适当，是造成受伤的首要原因，因此适当的准备活动是非常重要的。

2. 身体状态不佳

睡眠或休息不好，患病带伤或伤病初愈及身体疲劳时，生理功能和运动能力下降，此时参加训练很容易因肌力较弱、反应迟钝、身体协调性差而受伤。

3. 大重量训练过频

大重量常会使肌肉等组织发生轻微创伤，若大重量训练过频，韧带、肌腱得不到充分的恢复，就会发生肌腱炎，甚至发生肌腱和韧带破损，还会使肌肉与骨骼力量的增长不相适应，造成骨骼变形、劳损等损伤。

4.不良气象因素影响

气温过高，易发生中暑和疲劳现象；气温过低，易发生冻伤，导致肌肉僵硬，身体协调性下降；潮湿高温易大量出汗，发生肌肉痉挛或虚脱；光线不良易使人反应迟钝。这些都能成为受伤的原因。

5.训练前忽略器械和场地检查

训练场地太滑，杠铃转动不灵，器械年久失修或维护不良，器械安装不牢固或安放位置不当，器械的高度、大小与轻重不符合练习者需要，缺乏必要的防护器具（如护腕、护膝、宽皮带等），训练时服装与鞋袜不适宜等，都可能成为受伤的原因。

6.预防运动伤害的意识不足

由于对运动损伤的严重后果认识不够，预防损伤的意识不强，运动中麻痹大意，注意力不集中，动作不正确，保护不及时，都易造成运动损伤。

7.对柔韧性缺乏认识

健身者对关节的柔韧性缺乏足够的认识，加上自身的关节柔韧性差，在完成动作时脊椎和四肢关节都处在易伤的位置，因而易引发损伤。

二、如何规避伤害

第一，在思想上高度重视运动损伤的预防，增强自我保护意识，避免一些损伤的发生。

第二，健身前做好热身准备。对训练中负担较大和易受伤的部位要特别做好准备活动，准备活动结束与训练开始之间间歇时间不要超过四分钟。间歇时间过长或改练其他部位时，应补做专项准备活动。如：在进行跑、跳动作较多的运动前，应有重点地活动有关肌肉和关节，特别是易受伤的腿部肌肉和膝踝关节。通过准备活动减少肌肉、韧带黏性，增强其弹性和伸展性，加大关节活动幅度，使人体能够有准备地从相对静止状态转入紧张的运动状态，有效防止运动损伤的发生。

第三，健身前必须仔细检查体育场地，器材，设备是否安全。健身运动离不开健身器材，因此在使用健身器材的时候，要认真阅读健身器材的使用方法，检查健身器材的安全性能，查看周边的环境因素，并根据自己目前的身体状态，选择适合自己的健身器械。对容易受伤的部位应该戴上安全护具，起到保护与预防作用。

第四，提前做好防护措施。在容易受伤的部位使用肌肉效能贴，调整神经使其恢复本来的机能，具有保护肌肉的效果。同时肌肉效能贴能使皮肤与肌膜或肌肉间产生空隙，在肌肉进一步活动后，可将瘀血或停留在局部的组织液消除，改善原本的浮肿或内出血，使组织压下降并减轻疼痛及不适感。让旧伤以及先前累积的肌肉疼痛得到好转，在伤害未痊愈却得继续进行练习的情况下，可以避免因旧伤更加严重而再次引起伤害。

第五，大重量训练要适可而止。初期健身者，需要听从健身教练的意见，或由健身教练协助；做动作时不要速度太快或突然启动；间隔时间较长再练时，要减轻重量、降低强度。

第六，注意身体的警戒信号。疲乏、焦虑、长期有时断时续的肌肉酸胀、疼痛等是身体发出的警戒信号，若置之不理，则小伤会酿成大伤。软组织损伤一般恢复较慢，若处理不当，轻则造成慢性损伤，重则留下不同程度的功能障碍。

第 七 章

私人教练

第一节　私人教练概念、现状及意义

一、基本概念

私人教练简称私教，是指在健身房、健身俱乐部、健身会所中进行一对一有偿指导的、专业化健身服务的健身教练。私人教练的工作是根据会员的体质、体能状况，同时考虑到会员的需求与健身目标，制订专业及个性化的健身处方，以安全、规范、科学、有效的训练方法帮助客人达到身心健康的健身目标。

二、发展状况

在一些健身行业发展完善的国家，例如美国、澳大利亚、加拿大、英国等国，私人教练需要具备非常扎实的专业基础并获得权威机构的考核与认证方可上岗。这些发达国家的国民健身及运动的意识非常强，健身与运动已经变成习惯及生活的一部分，自身对健身与运动的理解较深，所以对于在这些国家从事私人教练的人的素质要求也就相对更高。而一旦开始了私人教练的工作，也就意味着需要不断地参加学习和积累教学经验。

国内私人教练的服务发展较国外晚，大致在2001年，"上海金吉姆"率先以俱乐部形式推出私教服务，而大规模的推广和被社会广泛认同应该是在"中体倍力"和"青鸟健身"俱乐部，并创造了较好的社会和经济效益。目前，国内的私人教练体系已经基本完善，各项规章制度、工作流程、相关培训已经基本走上正轨，但毕竟私人教练行业发展时间较短，从业人员普遍存在年龄较小，学历层次、专业知识及经验有待提高的问题。

私人教练通常被认为是教练和会员一对一的授课服务，私人教练可以根据会员身体情况和运动目标制订有针对性的训练计划，并通过各种器材或设备帮助会员完成训练计划，达到会员的健身效果，通常会员的健身目的是减肥、增肌或保持健康。随着人们的健身意识和私人教练技术水平的发展，出现了更多的功能性训练、体能训练、康复性训练。

三、拥有私人教练的好处

私人教练作为俱乐部中最重要的角色，在整个俱乐部运营中起着非常重要的作用。私人教练的"私人教练服务"为俱乐部提供了更多的服务项目、增加了其利润来源，同时由于会员训练效果明显、满意度增加，从而提高了会员的续会率，并为俱乐部建立起专业化的形象。

另一方面，私人教练可以更好地为会员提供更安全、有效、个性、快速的健身指导，为会员提供专业化及个性化的训练处方，解答客户有关健身及健康的疑问，提供在健身、健康、营养等方面的建议及策略，提供支持、鼓励及激励，使会员保持对健身目标的专注，并以自己的榜样力量成为客户追求健康生活方式的楷模。

为了让会员更好地了解私人教练服务，俱乐部经常会列举出拥有私人教练的各项好处，下面列举以供参考：

1. 健身效果更好

私人教练可以对会员进行一对一、手把手的健身辅导，使健身效果更好。

2. 拥有私人教练使会员有更富足的学习时间

私人教练讲解更详细、动作质量更高，使会员的学习时间更富足。

3. 私人教练对会员进行个性化指导

私人教练可以根据会员自身的体能和健身目标，设计出最适合的课程，并且为会员建立一个个人训练档案，使训练更系统、更科学化。

4. 拥有私人教练可以使会员更有安全保障

在锻炼时，私人教练会关注会员的运动过程，而且会紧密观察、协助及纠正错误动作，能够防止可能的意外，确保会员的安全。

5. 拥有私人教练可以给会员健身的动力

私人教练不仅担当着教练的角色，更可以引导会员使其具有正确的健身观念、健身动力，并适时鼓励，助会员培养信心，成为示范楷模。

6. 拥有私人教练可以让会员的健身过程保持连续性

私人教练为会员安排定期的训练时间表，督促会员按时锻炼，可以有效减少因懒惰而不去运动的行为。

7. 私人教练可以为会员的特别需求做专业指导

私人教练都具备设计针对个别身体不适的健身课程的经验，可以使会员每时每刻都享受健身的乐趣。

8. 私人教练可以为会员制订营养饮食计划

私人教练可以根据会员的自身特点，为其制订最佳的营养饮食方案，使会员的运动与饮食相结合，达到最佳的健身效果。

四、私人健身教练是健身行业发展的需要

很多人会这么想，要学习那些健身动作，可以去买些有关的书本照做或请朋友帮忙指导一下，为什么要请私人教练呢？其实这个问题跟学习开车很相近，你可以在书店购买一些教授驾驶的书籍，看完后，便可以跳上车大显身手了，或边看边学。但假若开车时遇上突发的情况怎么办？有驾驶教练在旁边的好处就是出现意想不到的情况的时候，他会告诉你如何妥善处理。这些都是他从经验中学会的，你付出金钱所买的就是这些从书本上学不到的经验。

学习健身训练也是一样，有些看起来好像很容易，但当拿起器材尝试时就好像有点不知所措，做了多次都好像有点不对劲似的，在这种情况下，私人教练便能发挥他的作用。其实也有不少学员接受私人教练指导一段时间后，实践上已经掌握了基本动作技术，理论上应该可以自己去练，但在现实中，很多学员还是喜欢继续在每节课中聘请私人教练。

一般说来，适合一个人的一套运动方法，对另一个人可能就会造成伤害，这时候，最需要的是一位专业人士守在你身边，充分了解你的体质情况，为你制订一套完整的运动方案，再手把手地教你使用各种健身器材，陪着你练习，给你打气，给你纠正动作。这位贴心的健身专业人士叫作"私人教练"。目前在欧美等发达国家，十分流行在健身俱乐部里聘请私人教练为学员进行一对一的辅导。

在第一次的训练开始前，私人教练会先帮助会员填写一张个人基本状况的表格，包括病史、不良习惯和希望通过健身达到的目的等。然后测量身高、体重、血压、心率、脂肪厚度、身体柔韧性、心肺功能。再根据这些数据和会员自己的期望，为会员量身打造一整套合适及安全的健身计划，令健身效果事半功倍。同时，私人教练还会一对一地为会员

详细讲解每种健身器材的使用方法，帮会员找到最适合的承重和动作姿势，在陪练过程中，不断鼓励会员，帮他坚持正确完成动作，训练后还会为会员示范恰当的放松方法，避免第二天腰酸腿痛。还有心肺功能训练，让心脏也一块运动，如果长时间坐办公室，不训练也不行，通过训练可以让心脏得到锻炼，私人教练在锻炼心肺功能时是很重要的，在进行心肺训练的时候，跑步慢不行，跑太快也不行，心率在你自己的目标心率的区域才会有很好的消耗脂肪的效果。

再一个是韧带训练，这个就需要教练的帮助了。还有营养方面，一般人也缺乏相关的知识。健身房里有的训练是超负荷的，必须要注意营养搭配与配比。

对于有特殊目的的人来说，比如很多女孩子来到健身房想消除腹部多余脂肪，把体形塑造得更匀称挺拔；男孩子想肌肉多一点，结实一点，更强壮一点。如果有这样的目的，单纯做一些即兴的运动是不行的。这个目标的实现需要专业人士的帮助。在私人教练的陪同下锻炼有很多独自训练所不具备的条件。最为重要的一点就是，在私人教练陪同下锻炼有更高的安全性，可以避免一些因不正确动作或力学因素产生的运动损伤。

私人教练就是持有体适能专业资格，拥有国际正规权威机构认证资格的并为学员提供一对一专业服务的健康体适能工程师，能够依据各人的个体情况制订个性化的训练计划。他们将融入学员的健康生活，定时给予意见和鼓励，可以令学员享受到运动的乐趣，并收获运动的成果。

第二节 私人教练工作流程

一、预约客户

1. 分配

私教部经理根据会员的需求、训练时间及本部门的规则，将新入会的会员分配给某一教练进行体测和免费课训练。会员分配可使每一位新入会的会员在第一时间找到合适的教练，同时，由私教经理掌控新会员免费课的分配情况，保证会员服务的同时提高私人教练销售业绩。

注意事项：

（1）经理系统分配：新会员一旦出现在教练经理系统里时，教练经理要第一时间致电该会员，首先致谢欢迎加入本会所，并收集会员信息（运动目标、有何种需求、会在什么时间段来会所），安排合适的、有空档的教练接待服务该会员。

（2）教练电话预约：教练每天下班前或第二天中午时必须查看系统，是否有新会员分配到自己名下，如果出现新会员，应第一时间找到经理或者会籍顾问，简单了解该会员的基本信息（做什么工作、何时接电话比较方便等），然后按照电话预约模板致电该会员。

2. 会员转介

会员转介是指私人教练会员介绍自己的亲戚、朋友等直接找到教练，入会并购买私人教练课程。只有确保上课质量和做好服务工作，得到会员认可，才会有更多的会员自愿地把自己的朋友推荐给私人教练。

注意事项：

（1）如有私人教练的会员带自己的亲人、朋友、同事等办卡买私人教练课程，要第一时间提前报备到教练经理处，并做好表格的登记。否则该资源就属于自由资源，由教练经理按顺序分配。

（2）禁止教练与会籍顾问之间以会员转介的名义私下联系。如有发现，该教练的业绩当归教练经理分配。

3. 场地开发

私人教练在场地中为自行健身的会员进行技术指导，并在确认该会员无私人教练且不在销售保护期内后，预约体验课，为销售打下基础。这是私人教练获得会员的重要途径之一，也是业绩提升的重要方法之一。

注意事项：

教练在场地中找到目标客人后，先了解该会员的基本情况（姓名、何时入会、是否有教练联系过、是否过来做过身体测试及参加免费课程），然后在预约分配表上查找核对信息，与教练经理及原分配教练沟通确认，是否已经超出保护期。如果已经超出保护期限，则由教练经理确认后，进行场地开发的下一步骤，再约服务体验课程，再次进行销售。

二、销售

1. POS销售

在会员入会的当天进行私人教练课程的销售，这样可以缩短销售周期，是提高私人教练销售业绩的重要方法之一。

注意事项：

做好健康问答和身体测试后即开始销售，根据问答报告和体测报告为会员做出合理的课程规划，让会员回忆美好的时光并对比现在的身体状况，如果跟你一起训练将来会是如何美好，如果没跟你一起训练将来可能会是怎样的状况。POS如果成功，就开始正常约课、上课。如果没有成功，就马上安排体验课。

2. 体验课程销售

通常是俱乐部为了让会员充分体验私人教练课的益处，使之与以往的个人训练进行对比，从而更好地促进会员选择购买私人教练课程。

注意事项：

（1）体验课可以是POS的教练上，也可以更换教练为会员上（建议更换教练上体验课程），根据会员的运动目标和体测报告来设计简单有效的体验课计划。新教练接手课程后，要提前在前台等候会员，整个课程当中不要提及计划、课程、金额之类的话题，要让会员得到完整的私人教练服务，课程当中要用好的生活建议和专业健身知识来做指导。

（2）课程结束后，拿好健康问答、体测报告，综合体验课的实际表现，坐下来重新帮助会员规划他的健身计划。健身计划分为短期、中期、长期三种，会员可以从中选择一种。

（3）如果会员略有疑义的话，就请出高层解答，教练只要适时地附和一下即可。

3. 续课

在现有私人教练会员课程即将结束前，对其进行训练总结，并再次销售，使会员继续购买下一阶段的私人教练课程。

注意事项：

当私人教练会员的私人教练课程还剩下5—10节时，就要试探性地询问一下"我已经为您做好了下个阶段的健身计划，您是否有时间看一下呢？如果有不合适的地方我可以尽快修改方案，以保证我们下个阶段的健身计划顺利进行。"会员就会做出选择性的回应"是"或"否"。

三、授课

1. 前台等待及登记：整理好仪容仪表、无异味，带好训练计划和夹板，提前在前台或教练岛等待会员。

2. 热身：针对当天的课程主题和目标肌肉进行热身。

3. 抗阻力训练：目标肌肉、（大小搭配、前后搭配、上下搭配）次数、组数。

4. 有氧训练：单一有氧器材还是组合有氧器材的使用、训练方式（恒定还是间歇）、强度、时间。

5. 放松：让心率慢慢下降。

6. 拉伸：全身伸展或目标肌群的伸展，采用会员被动式伸展。

7. 预约下次课程：与会员确定下次的日期和时间，告诉会员下次训练的大致内容，提前设立期望值。

四、巡场

通常在俱乐部的高峰期，教练对训练场地进行环境维护，并对场地内自行训练的会员进行指导和保护。

注意事项：

1. 场地的安全

巡场时应在规定的区域内工作，严禁串岗、聚众聊天，特殊情况离岗需要值班经理批准。

会员在做自由重量或大重量抗阻力训练时，巡场教练必须做出保护；客人组间休息时，可整理场地或帮助其他客人，不得与会员长时间聊天。

当一人巡场时，不允许为会员做体测，特殊情况只可以做体测，但不进行讲解。

着重观察容易出现问题的器材，发现器材损坏或故障时，第一时间报修，并悬挂维修警示牌。

2. 场地的整理

巡场时要随时保持场地的整洁，客人使用器材后5分钟没有再使用，要及时归位，并以恰当的方式指引会员把用过的器材归位。

发现客人做自由重量器材时（哑铃、杠铃片），应及时给予正确指导，并帮助该会员把器材复位。

发现器材上有汗渍、场地里有空的饮料瓶时要及时清理。

3. 服务会员

遇见客人要积极主动、面带微笑地打招呼，主动让客人先行。

巡场时间不可以锻炼，注意仪容仪表，不倚靠器材，不坐在器材上聊天，不玩手机，不嚼口香糖。

积极主动服务，客人动作不标准时不允许耻笑客人，第一时间上前指导动作，但指导动作的时间不可以超过10分钟。高峰时段指导一位会员的时间不可以超过5分钟。

五、配合销售及俱乐部工作

1. 安全

发现任何的安全隐患应第一时间向上级领导反映汇报，并积极配合解决问题。

2. 清洁

始终保持整个会所的整洁，发现脏污问题，第一时间解决，如解决不了，应马上通知保洁部门清理。

3. 各部门的横向合作

与销售部、客服部、保洁部保持良好的沟通，当需要教练部帮助时，一定要主动帮助。特别是要积极配合销售部工作，具体建议：

转介：与私人教练会员沟通，转介亲人、朋友和同事。

发单：可以随身带些单片，在附近的咖啡店或餐饮店消费时放一些在桌子上。

微博、微信发一些健身知识、建议、训练的照片，并在会所附近定位。

与会籍顾问配合带参观：当会籍顾问带会员参观时，教练有义务上前配合会籍顾问介绍有关训练区域及健身方面的知识。

4. 完成上级领导安排的工作

完成上级领导安排的非健身区域的工作（如需要值班、大型宣传活动人手不足等）。

5. 维护会所的品牌形象

不背后当着会员及外品牌工作人员的面去议论本会所的一切负面话题，始终与本会所的品牌宗旨保持一致，大力推广本公司的健康理念。

第三节　私人教练服务理念与方法

一、他们不是运动员，而是亚健康者或者病人

随着人均收入的提升和闲暇时间的增加，居民健身的刚性需求基础日渐成熟，新增的有效供给都能被潜在需求吸收。目前，满足用户专业性需求的供给是充足的，但是层次可能不足，导致不能打动有效需求。具体表现在传统健身房服务上，就是维护那群有毅力有时间且有经济能力的高端用户，同时鼓动可能缺毅力或缺时间但有经济能力的人群对健康进行消费，并用私教和氛围努力把他们留在平台上。

从市场上来说，国内的经济飞速发展，人们的物质生活越来越好，更多人开始关注健康问题，走出家门进行户外运动、走进健身房，但是在国家经济飞速发展的同时，很多人已经在不规律的生活和不良的生活习惯上过得太久了，而且大多数人并不知道怎么开始锻炼，所以对于健身行业这是一个很好的契机，直白地说，每个行业都有每个行业的专业人士，摆脱亚健康锻炼身体当然要找健身的专家。

国内的大众人群，很多人都有不良体态的问题，比如圆肩驼背、骨盆前倾、OX型腿，至于运动损伤就更不用说了，很多人对这种事不以为然，其实这正是阻挡健康的元凶，所以对于这么多需要健身的亚健康人

群，他们需要更多的专业性非常强的私人教练，所以目前这个时期是私人教练和健身行业起步的黄金时代。

现代奥运会创始人顾拜旦曾说："体育为大众"。民众更广泛地参与体育活动，不仅是奥林匹克运动的精神和内涵，还是衡量一个国家体育事业是否兴旺发达的标准。在北京奥运会后，民众已经逐渐意识到奥运会不仅是几百名运动员的奥运会，更是"全民的奥运会"，这是一个全民参与的舞台，每个人都是舞台上的英雄！

为了满足广大人民群众日益增长的体育需求，促进和提高人民的健康素质，国务院批准自2009年起每年的8月8日为"全民健身日"。这足以证明，国家还是足够重视人民的生理健康素质的。由此，国家更应该把健康教育纳入发展大纲，充分发挥中医药科普专家的作用，提供更多更普及的舞台给这些专家，深入到基层进行科普活动，让人们明白如何防病治病，懂得未病先治的中医理论，提高自身健康的素质，关注健康珍惜生命。这是一条漫长的道路，也是国富民强的根本。

迈入私人教练的行当，教练所面对的已经不是专业性的运动员了，而是亚健康人群，甚至是病人。如果客户为了减肥，那么教练的任务就是让客户健康地减肥瘦身；如果客户为了练肌肉，那么教练的任务就是指导客户科学地练出肌肉 …… 不管客户出于什么目的而进行健身，可以确定的是，他们肯定不是运动员，而是亚健康人群或病人，面对亚健康人群或病人，教练就不能运用原来针对运动员的那一套手段进行训练了，而是要根据亚健康人群或病人的具体情况进行有针对性的指导。

二、运动健身常用术语与名词

健身作为一门专业性很强的行业，也有其独属的常用术语与名词。

作为教练，如果不懂这些术语和名词，那么在指导的过程中必然会出现沟通障碍。健身大致分为器材锻炼和非器材锻炼，下面就列举一下运动健身中常用的术语和名词。

1.有氧运动

属于长距离耐久性的训练，即在一定时间内通过连续不断的活动保持一定的运动强度、完成一定的运动量的运动，其运动时间较长（约15分钟或以上），运动强度在中等或中上的程度（最大心率的60%—80%）。有氧运动是一种恒常运动，是持续5分钟以上还有余力的运动。在有氧运动中，只有达到一定心率才能达到训练目的。跑步、游泳、骑车、越野徒步等都属于有氧运动。

2.无氧运动

无氧运动是指肌肉在"缺氧"的状态下高速剧烈的运动。无氧运动大部分是负荷强度高、瞬间性强的运动，所以很难持续较长时间，而且疲劳消除的时间也慢。当从事的运动非常剧烈，或者是急速爆发，例如举重、百米冲刺、摔跤等，此时机体在瞬间需要大量的能量，而在正常情况下，有氧代谢是不能满足身体此时的需求的，于是就进行糖的无氧代谢，以迅速产生大量能量。这种状态下的运动就是无氧运动。

3.混合代谢运动

混合代谢运动就是有氧无氧代谢供能交替条件下持续的运动。在平时进行的运动中，还有很大一部分不属于单纯的有氧运动，也不属于单纯的无氧运动，而是两者兼而有之，称为混合代谢运动，这些运动是耐力和力量的综合体现。大多数有身体接触的对抗性运动都属于这个范畴，足球，篮球等都在此列。

4.心率

指每分钟心脏跳动的次数。在运动健身中，不管是有氧运动，还是无氧运动，都要有一个合适的心率才能达到较佳的运动效果。保持最佳运动心率对于运动效果和运动安全都很重要，与之相关的一个名词是最大心率，算法：最大心率=220－年龄，减脂时的最佳运动心率范围需要达到最大心率的60％—80％。见表7.1。

表 7.1　运动强度与心率对照表

运动强度	通气量（升/分）	氧气消耗量（升/分）	心率（次/分）	能量消耗量（千卡/分）
很轻	小于10	小于0.5	小于80	小于2.52
轻	10—20	0.5—1	80—100	2.5—5.3
中等	21—35	1.1—1.5	101—120	5.1—7.54
重	36—50	1.6—2	121—140	7.6—10.05
很重	51—65	2.1—2.5	141—160	10.1—12.56
极重	66—85	161—180	161—180	12.6—15.0

注：1千卡=4.184千焦

5.皮脂

人体的脂肪可以简单分为内脏脂肪和皮下脂肪，皮脂则是指皮下脂肪。皮脂含量＝（总体重－瘦体重）÷总体重×100％。一般来说，男性的皮脂以15％为宜，女性的皮脂以20％为宜。

6.瘦体重

指除去脂肪后剩下的体重，这是健美运动中最常用的名词，一个人训练得好不好，含脂量和瘦体重是关键。

7.补剂

补剂是健身训练者日常饮食之外的一种营养补充，由于它便携、吸收快、效率高，可提高训练表现和质量，所以一直深受健身爱好者的青睐。最常见的健身补剂就是蛋白粉，此外还有肌酸等不同效用的补剂可供选择。选用补剂要根据个人的训练水平和目标，不可过分迷信和盲从补剂，也不能妖魔化补剂。

8.体脂率

体脂率是指人体内脂肪重量在人体总体重中所占的比例，又称体脂百分数，它反映人体内脂肪含量的多少。在健身减肥中，它是比体重更为重要的对照指标。

9.基础代谢

基础代谢是指人体维持生命的所有器官所需要的最低能量。人活着就会消耗能量，动得越多，消耗的能量越多。基础代谢是指什么都不做的情况下身体一天消耗的能量总数。每个人的基础代谢均不同，而肌肉含量越高基础代谢就越高，基础代谢是减肥能否成功以及身材能否保持的重要因素。

10.力竭

力竭是指负重训练完成到最后一次后，已经无法再多完成一次试举，使肌肉达到一定的疲劳状态。力竭训练在健身训练中很常见，且多出现在多次数的训练中，是个加深肌肉刺激和增加肌肉耐力的好方法。

11.平台期

任何"停滞不前"的时期都可称为平台期，对于健身人群而言，当训练重量、肌肉体积长时间出现不增长时，或是体重、体脂率以及围度长时间都不再下降，就说明平台期已经开始出现了。改变训练和饮食模式是打破平台期的有效方法。

12.肌肉泵感

肌肉泵感即肌肉充血，指负重训练中由于血液短时间内流向目标肌肉所产生的肌肉膨胀感，同时伴有肌肉维度的增加。初学者只要严格训练动作，不贪重就可以慢慢找到充血后的肌肉泵感。肌肉泵感是训练是否到位的一个简单的衡量标准。

13.组数

在健美训练中，每个动作的组数从一两组到七八组，甚至十几组不等。视训练阶段、目的、水平而定。一般来说，初学者每个动作做1—4组，中高水平的运动员及健美爱好者做4—6组/动作。

14.组间隔

这是一个较少被重视，却又十分重要的要素。组间隔指的是前一组与后一组练习之间的休息时间。这个时间实际上是一个不定量，不是30秒或是1分钟。在实际训练中，应视本人年龄、训练的肌群大小以及当时的身体状况而定。一般是以心率来参考。当心率恢复到极限心率（220–本人年龄）的50%—60%时，即可开始下一组训练。（当然是在身体正常的情况下）通常短间隔在20—40秒，1分钟左右为中等间隔，1分半钟以上为较长的间隔。

15.金字塔式训练

金字塔式训练在健美中通常是指逐渐增加训练重量，降低试举次数的过程。金字塔训练既可以正着实施，也可以反着去做。在金字塔式训练过程中，重量的增加和次数的减少一定要密，通常每次试举增加5千克，次数减少2次，直到试举的次数降低到3次以内。这样的训练方法对找到自己的极限重量很有效。

16.组间间歇

组间间歇理解起来很简单，就是指负重训练中组与组之间的休息时间。但是能好好控制和利用组间间歇的人却很少。增肌、减脂的组间间歇从30秒到180秒不等，而且休息的时候还要进行一定的拉伸练习，不是去找人聊天。

17. 超级组

这种训练方式可以在最短的时间内刺激更多的肌肉群，但是训练强度也是非常大的。不建议中级以下的训练者使用。其实方法很简单，都是根据身体的对抗肌展开训练的。例如：肱二头肌和肱三头肌、股二头肌和股四头肌、腹肌和下背肌。之所以说它训练强度大，是因为在同样的训练时间内要完成更多的训练动作，在这期间几乎没有休息的时间，只有从这个器材走到那个器材的时间而已。

18. RM

在很多地方都会看到8RM、1RM……RM是指极限，8RM是指能够完成8次试举的极限重量，1RM则是指极限重量。不同目的的负重训练，选用的极限次数有所不同。日常训练中，通常采用8RM—12RM的负重训练。

19. 拉伸

拉伸指肌肉的伸展练习。拉伸的动作过程要避免前后震动，要做的是在肌肉拉伸的最长点停顿15—20秒，同时进行深呼吸。这对组间肌肉恢复和韧带的柔韧性都会有很好的帮助与提高。拉伸有一个误区，它的目的其实并非"避免"肌肉生长，而是促进肌肉生长，只不过是以正确的方式生长，使肌肉线条更加流畅舒展。

20. 复合动作

复合动作也称双关节动作，指在一个动作中有两个关节参与运动，由主动肌群和协同肌群同时参与用力，复合动作中训练者可以使用较大的重量。这些动作是力量训练中的基础训练动作，作用广泛，调动的肌群较多，增肌减脂效果好。如仰卧推举、深蹲、硬拉等。

21.孤立动作

孤立动作也称为单关节动作，它是指动作过程中只有一个关节进行活动，以局部肌肉集中用力，很少牵连其他肌肉协同用力，这样可以加深局部位置的肌肉刺激。因此是锻炼肌肉线条和形态的训练动作。

22.超量恢复

超量恢复是指机体承受超过原有运动负荷刺激后,肌肉功能等产生一定程度的下降,经过一段时间后,可以恢复并超过原有水平。如果下一次练习是在超量恢复（肌功能上升并超过原有水平的一段时间内）的阶段进行的，就可以保持超量恢复不会消退，并且能逐步积累练习效果。补充营养（蛋白质为重）和充足休息可以促进超量恢复。

23.自由重量训练

自由重量训练相对于器材训练而言，是没有固定路线，可以大幅度、多角度改变运动轨迹的训练方式，在日常训练中基本指依靠哑铃、杠铃等进行的训练。自由重量不受运动轨迹的限制，但是需要很好的肌肉控制力和肌肉力量。初学者应该先由较轻重量开始练习，当习惯重量以后再逐渐增加重量，切勿急于求成，否则容易增加受伤风险。

24.频度

练习频度是指每周进行几次训练。根据训练水平的不同，练习的频度是不一样的。通常初学者每周3次即可，中等水平的练习者每周可练3—4次，高水平的运动员在赛季可天天练，甚至每天2次。但对于某一肌群来说，训练频度不宜过大，且水平越高，每周训练次数应越少。因实验表明在一次剧烈的大运动量训练之后，2—3天身体机能处于下降水平，3—5天恢复到原水平，5—8天才会产生超量恢复，所以很多高水平的优秀运动员都采用每个肌群每周只练一次的方法进行常规训练。

三、评价运动效果

进行健身训练一段时间后，对健身运动效果进行评价，不但能使客户了解自己当前的体质健康状况，而且还能够检验前一段时间的健身效果，从而避免健身的盲目性，提高科学性，激发客户的积极性，养成长期健身的良好习惯。下面介绍两种简单易行的评价方法。

1.生理指标测定法

生理指标测定法是指练习者在参加健身运动前测定一些生理指标，如体重、安静脉搏、肺活量、收缩压、舒张压、台阶实验、握力、臂力、纵跳、坐位体前屈、闭眼单腿站立、选择反应时、俯卧撑（男性）、仰卧起坐（女性）等，经过一段时间运动后再测一次上述生理指标，然后把第一次所测数据与第二次所测数据进行同项对比，以观察锻炼效果的一种方法。当然也可以用这种方法控制运动量和判断运动疲劳。下面介绍两种简单的运用生理指标测定来判断运动性疲劳的方法。

（1）脉搏

健身客户可以通过测量清晨起床时的脉搏来判断运动效果的好坏。清晨起床前记录30秒稳定脉搏，然后将其换算成1分钟脉搏。然后把每天记录的数据绘制成一个曲线图，如果曲线能保持平稳或下降，说明机能状态良好，训练效果不错。反之，如果心率增加12次/分以上则说明机体反应不良，可能是疲劳或生病引起的。

（2）血压

血压是大动脉管内的血液对管壁产生的侧压，它是由心室射血和外周阻力两者互相作用的结果。正常人的收缩压为100—125mmHg（1mmHg=133.322Pa）；舒张压为60—80 mmHg。评定时注意男子比女子略高，血压随年龄升高。可采用测清晨安静时的血压的方法，如安静血压较平时高20%，或经常保持在收缩压140mmHg，舒张压90mmHg以上，可诊断为疲劳，应调整运动量。

2.自我检查法

自我检查是客户在健身运动过程中，对自己身体健康状况及锻炼效果进行评价中最为简便实用的一种方法，同时也是锻炼者评定运动负荷量大小、预防运动伤害、及早发现过度疲劳的有效措施。如果通过一段时间的健身运动，练习者的精神、心情、体力、食欲都比以前有所好转，说明锻炼效果不错。反之，则可能是过度疲劳或健康状况不佳。下面介绍几种判断运动中过度疲劳的参数：

（1）参加运动的欲望

它是人体功能状况，尤其是中枢神经系统状况的反映。身心健康的人，主观感觉是精力充沛、活泼愉快，能积极参加工作、学习和身体练习，并且学习和工作的效率高。运动过度或患病就会感到精神萎靡不振，不愿做任何事情，身体软弱无力，行动迟缓，情绪容易激动等。因此，在运动前，心情愉快，乐意参加锻炼，这是健康的表现。反之，运动前对锻炼缺乏热情，不乐意执行锻炼计划，表现出态度冷漠、厌倦，则可能是早期过度疲劳或健康状况不佳的征兆。

（2）运动后恢复情况

一般人锻炼后都会产生肌肉酸痛、四肢乏力等现象。若运动负荷安排适当，这些现象经过适当休息，便可消失，且健身锻炼水平越高消失得越快。若在休息和保证营养的情况下，上述现象长时间不能消退，就可能是过度疲劳的表现。有的是在运动中或运动后，出现头痛、头晕、恶心、胸闷或腹痛等不良感觉，其原因大多与锻炼的内容、方法、运动量安排不当有关。这就要注意休息调整，必要时可到医院检查，以防止运动性伤病的发生。

（3）睡眠

睡眠对消除运动后疲劳具有重要意义。正常的睡眠应该是睡得快、睡得深、早起感觉轻松。经常锻炼的人，若出现入睡难、失眠、惊梦、早起浑身乏力或嗜睡等现象，则应该检查锻炼方法和运动量的安排是否适当。

（4）食欲

经常参加锻炼的人机体代谢旺盛，食欲一般较好。在正常情况下，若出现食欲不振，并伴有口渴，则应该考虑是否与过度疲劳或健康状况不良有关。

（5）排汗量

运动时，人体的排汗量与运动量、训练水平、饮水量、气温、湿度等有关，若其他因素相同，人体的排汗量将随运动量的加大而增加，又随锻炼水平的提高而逐渐减少。在适宜的外界条件和运动量强度条件下，若出现大量排汗，甚至发生夜间盗汗等反常现象时，则可能是近期运动量过大或身体健康状况下降的反应。

（6）运动心情

运动心情与精神状况是密切相关的。一个人在运动中心情愉快，乐意参加锻炼是健康的表现。反之，如无疾病、情绪刺激等其他干扰因素，运动中缺乏热情、注意力不够集中，不乐意执行锻炼计划，表现出态度冷淡甚至厌倦，则可能是早期过度疲劳和健康状况不佳的征兆。

四、处置运动损伤

运动健身过程中发生的损伤，称为运动损伤。某些运动损伤的发生与锻炼项目、所采用的不当动作密切相关。对运动健身过程中损伤的发生原因、治疗方法、康复方法、预防措施有一定了解，对于预防损伤发生、加快损伤修复和康复、改进训练方法和技术动作、促进锻炼者身心健康水平提高具有重要意义。

（1）擦伤

擦伤指表皮擦伤，主要征象为表皮剥脱。有小出血点和组织液渗出。如擦伤部位较浅，只需涂碘酒；如擦伤创面较脏或有渗血时，应用生理盐水清创后，再涂上碘酒。也可以先用极薄的塑膜覆盖创面，用冷镇痛气雾剂喷洒2—3秒，重复2次以上止痛和防止渗出肿胀，然后用0.9%生理盐水冲洗伤口，伤口周围用75%的酒精消毒，再用绷带包扎固定。

（2）肌肉拉伤

肌肉拉伤指肌纤维撕裂而致的损伤。主要是运动过度或热身不足造成。可根据疼痛程度判断受伤的轻重，一旦出现痛感应立即停止运动，并在痛点敷上冰块或冷毛巾，保持30分钟，以使小血管收缩，减少局部充血、水肿。切忌搓揉及热敷。

（3）肌肉痉挛

就是俗称的"抽筋"，是肌肉不自主地强直收缩。在体育运动中最容易发生痉挛的肌肉是小腿腓肠肌，其次是足底的屈拇肌和屈趾肌。引起肌肉痉挛的主要原因有寒冷的刺激、电解质不平衡或身体疲劳。发生肌肉痉挛时，通常只要向相反的方向牵引痉挛的肌肉即能缓解痉挛。处理时要注意保暖，牵引时用力要均匀，切忌暴力，以免造成肌肉的拉伤。腹部肌肉痉挛时，可做背部伸展运动以拉长腹肌，还可以进行腹部的热敷及按摩。小腿肌肉痉挛时，可伸直膝关节，勾起脚尖同时双手握住脚用力向上牵引。

（4）挫伤

挫伤是身体局部受到钝器打击而引起的组织损伤。轻度损伤不需特殊处理。经冷敷处理24小时后可用活血化瘀制剂，局部可用伤湿止痛膏贴上，在伤后第一天予以冷敷，第二天热敷，约一周后可吸收消失。较重的挫伤可用云南白药加白酒调敷伤处并包扎，隔日换药一次，每日2—3次，加理疗。

（5）扭伤

扭伤是由于关节部位突然过猛扭转，损伤了附在关节外面的韧带及肌腱所致。多发生在踝关节、膝关节、腕关节及腰部。不同部位的扭伤，其治疗方法也不同。

急性腰扭伤：让病人仰卧在垫得较厚的木床上，腰下垫一枕头，先冷敷，后热敷。

关节扭伤：踝关节、膝关节、腕关节扭伤时，将扭伤部位垫高，先冷敷2—3天后再热敷。

（6）脱臼

脱臼即关节脱位。一旦发生脱臼，应嘱咐病人保持安静、不要活动，更不可揉搓脱臼部位。如脱臼部位在肩部，可把病人肘部弯成直角，再用三角巾把前臂和肘部托起，挂在颈上，再用一条宽带绕过脑部，在对侧脑做结。如脱臼部位在髋部，则应立即让病人躺在软卧上送往医院。

（7）骨折

常见骨折分为两种：一种是皮肤不破，没有伤口，断骨不与外界相通，称为闭合骨折；另一种是骨头的尖端穿过皮肤，有伤口与外界相通，称为开放性骨折。

当发生骨折时，应及时拨打急救电话，避免自行不当处理。在没有医务人员的情况下，对开放性骨折，不可用手回纳，以免引起骨髓炎，应用消毒纱布对伤口做初步包扎、止血后，再用平木板固定送医院处理。骨折后肢体不稳定，容易移动，会加重损伤和剧烈疼痛，可找材料将肢体骨折部位的上下两个关节简单固定送医，如一时找不到外固定的材料，骨折在上肢者，可屈曲肘关节固定于躯干上。骨折在下肢者，可伸直腿足，固定于对侧的肢体上。

怀疑脊柱有骨折者，不可随意移动伤者，须用担架固定，保持位置，使伤者不致移动，不能抬伤者头部，这样会引起伤者脊髓损伤或发生截瘫。

昏迷者应俯卧，头转向一侧，以免呕吐时将呕吐物吸入气管或肺内，造成窒息。

怀疑颈椎骨折时，须固定头颈，不使其在运输途中发生晃动。

五、运动中的保护措施

健身需要通过运动来实现，而进行运动，如果不注意，就难免会发生一些小损伤。所以说，健身并不是随便锻炼就可以的。如果在进行健身锻炼时，没有采取正确的锻炼方法、没有采取积极的预防措施，就很可能发生损伤，因此在运动之前，教练一定要让客户做好保护措施。

具体来说，运动中的保护措施主要包括以下方面：

1.在开始锻炼前，一定要按照要求做好准备活动。对运动中容易受伤的部位，要相应再做一些辅助性的活动。运动前要预防"心理损伤"，先在心理上做好运动准备，控制住过于低落或是兴奋的情绪。满脑子都是工作的人被硬拽到场上运动，不仅会反应较慢，发生其他意外事故的概率也会较大。

2.在锻炼前应当先用适当的小重量做1—2组热身运动，然后再正式采用大重量锻炼。

3.锻炼时，根据需要应戴上护具（护腕、护肘、护腰、护膝等），如做大重量深蹲、推举时一定要系上护腰带，深蹲还要加上护膝，让重量集中于训练部位，防止腰、膝部受伤；如以前腕部受过伤，在做仰卧推举时一定要戴上护腕。

4.单独训练，特别是初练者，如果锻炼时出现困难或危险，首先应保持冷静，不要紧张，然后采取有效的措施自我帮助和保护自己，解除困难或消除险情。

六、掌握促销技巧

假设你的自身能力为100分，而你销售及沟通能力只有50分，也就是说你只能把自己50%的能力传达给对方，那么你在对方的心里也只会打50分，对方绝对不会每小时花100元或200元请你做他的私人教练，明明值这个价钱的你，就是因为缺乏沟通销售技巧而无形中降低了自己的价值与收入。以下几种促销技巧可供参考。

1.假定顾客已经同意购买

先帮助他做体适能的运动规划。比如：当你的客人意志不够坚定的时候，你可以问："你看，还有三个月就到夏天了，如果我们在这两三个月里一起努力，把你的肌肉练得非常有型，把肚子上多余的脂肪都去掉，想象一下，当三个月后你躺在阳光灿烂的海滩上，旁边的人都会羡慕你线条分明的身体和漂亮的腹部，那时候你的感觉会是怎么样的……"类似这样的问题还很多，它的根本目的是通过语言给自己的客人创造出一种"如果他们达到自己的目标后的情景"，从而烘托出一种充满热情与兴奋的气氛，并触及他们的内心情感。当会员出现想买的欲望，却又不确定的时候，可采用二选一的促销技巧。

2. 做体测时的销售

销售就是带领你的潜在顾客走到你的健康思想世界，从而令他们明白及认同你所将要提供的服务或产品。每一次成功的销售所带来的满足感是心情和金钱不能代替的，如果你只做销售，只专注金钱的回报，那么你将会失去做销售的真正乐趣。

一个成功的私人教练会通过提问获得客人的大量信息，在交流中他们大部分时间也是花在提问和倾听上面，好的提问会让客人畅所欲言，并且告诉你他们的要求目标和一些自己的担忧。

这些都很重要，当掌握了他们的情况时就会有一个发展方向，比如：当你预约好一个新客人来做运动前，会对他们进行了解，利用健康问答卷，可以挖掘很多有用的信息，利用好健康问答卷，是作为私人教练的关键。

3. 在纠正会员训练动作时销售

提供信息，这也是很多私人教练最擅长做的一件事情，而且很多人觉得给会员提供的信息和讲解越多，会员越会觉得你专业。但事实不是这样的，因为大多数人只对自己关心的事情感兴趣。所以，你在给会员提供有关训练、营养或任何其他信息的时候，一定要围绕他们想达到的效果或主题，并且提供的信息一定要清楚、简洁，声音和语气也要充满热情和自信，还要多用一些比喻和事例。例如：

P：您好，我刚才看到您练的动作是腹部的训练，介意不介意我给您一些训练上的建议？

G：可以。

P：其实刚才您做得也挺好的，但是可能做的速度较快。腹部训练应该是躯干屈而不是髋屈，我来帮助您做一个动作示范。

G：好的。

P：（示范后应叫客人做一下）是不是和刚才的感觉不太一样了？

G：是啊，好像比刚才肌肉感觉更深更累了。

P：这是因为您做得越来越标准了，我是这里的私人教练，有什么问题您可以随时问我，这是我的名片。

4.健康知识讲座

利用健康知识讲座宣传，在与会员的座谈会以及迷你俱乐部活动时可随时为会员做健康咨询，且一定要递给会员你的名片，告诉他你是健康顾问，有什么健康、健身方面的问题可随时联系。如果有一天他真的要来健身，或请私人教练，那他一定会先考虑你的。

5.观察不同身份的客人

要学会观察、分析、判断不同客人的身份，可以提高成单率。

七、公关及服务技巧

公关是指私人教练员与健身房会员之间，为了促成某次交易或解决某一争议而进行的磋商与协调。私人教练员的公关是经营活动的一部分，也是促销活动的一项重要内容，它是整个促销过程的实质性阶段，在促销活动中起着关键性的作用，与健身房会员的谈判能否顺利进行，直接关系到私人教练员的促销活动能否成功。在健身产业市场化高速发展的现代社会，与健身房会员之间的公共关系越来越显示出其重要的作用，因此，每个私人教练员必须具备与健身房会员谈判公关的知识和技能。

私人教练员在公关活动中，无论是对熟悉的健身房会员，还是初到的健身房会员，都应主动上前打招呼和热情地接待与迎送。另外，对所有来访的健身房会员都应不分彼此，一律以礼相待，并请教姓名、单位及从事的职业。在商谈接待中，自古经商就有"和气生财"的格言，讲究接待与迎送礼仪，尊重健身房会员的习惯，不虚情假意，则是现代私人教练员素质和修养的体现。

1.有礼有节

在公关的过程中，做到有礼有节是很重要的，它会使谈判或行为顺利地进行。一般应特别注意的是：使用恰当的称谓；注意使用必要的谦语、敬语；选择恰当适中的问句；注意时机和因人而异；合理使用告别语等。

2.诱导服务

当今健身房呈高层次发展是社会发展的需要，同时也是以市场经济杠杆为主体，带动健身消费额增长的必然趋势。私人教练员在服务于健身消费领域的同时，推销健身房的品牌和自身的形象是走向市场的唯一途径，公关其实质是推销的过程，是私人教练员运用各种公关技巧，说服健身房会员进行健身消费的过程。俗话说"十分生意七分谈"，面对健身房会员进行积极有效的公关，引导健身消费和健身消费的扩大投入，关键是在公关的"谈"字。

3.层层诱导

层层诱导是私人教练员根据健身房会员的健身消费心理，层层诱入公关推销导向的一种发话艺术。健身房会员踏进健身房看设施、看环境、看服务时，往往是带着欲消费情绪或受周边消费影响的驱使，而并非一定有什么消费的目的。对这类潜在的健身房会员，作为一名私人教练员在接待介绍的同时，应送上"欢迎你们到我们健身房参观""请你们随意试一试，不行的话，我来帮助你们"等话语。在健身房会员参观或随意试一试的过程中，私人健身教练员应随着健身房会员心态的变化，把健身房的运作情况和管理模式介绍给对方，促发健身房会员的购买欲望和兴趣。与此同时，再说上几句得体的夸奖语，如"您的体形已经很美，如能在科学指导下进行健身锻炼，会使您的体形更加完美，气度更加不凡""您的体重基本上符合标准体重的要求，如能在科学指导下进行减肥锻炼，达到理想体重，您的体形将更加完美"等话语。

从心理学角度看，人最喜欢受到他人的尊重与赞扬，公关过程中，适时的奉承，可以使健身消费顾客感到一种满足。这时，伺机告知消费价格，激起顾客的购买欲望，最后成交。层层诱导的发话艺术，是在不让对方感到压力的原则基础上，在轻轻的一层一层的推动下，促其完成购买行动。

4.定向诱导

定向诱导是指私人教练员有目的地诱导健身房会员做定向的发话艺术。健身房会员具有各自不同的性别、年龄、职业及不同的体质，私人教练员在接待健身房会员时，不同的发话方式却带来不同的销售结果。如"要不要进行健身锻炼？""请问，您想参加健身锻炼，对目的、需求、为您服务有哪些要求？"第一种发话，销售的只是买卡锻炼的一半；第二种发话，就把健身房会员与买卡、锻炼、消费服务及涉及健身消费内涵所带来的销售联系起来，这种发话就属于"定向诱导"。"要不要进行健身锻炼？"这一发话的定向是不正确的，而加上"对目的、需求、为您服务等有哪些要求？"这一发话的定向是正确的，从而把会员诱入扩大健身消费的内涵之中。

5."激"的方法

当健身房会员产生健身消费欲望，但又犹豫不决的时候，适当使用"激"的技巧，激发对方的好胜心理，促其迅速做出决断，这就是"激"的技巧。

在健身产业和市场蓬勃发展的现在，经常有三五成群的青年男女光顾健身房，在其中包括有健身消费欲望的，有陪同随行的，还有对健身锻炼毫无兴趣的。这些健身消费顾客在刚步入健身房门槛时往往好奇，健身房的环境设施对他们有着巨大的吸引力。此时，私人教练员应抓住契机，在"层层诱导"和"定向诱导"的基础上，进行"激"的方法的公关。如：

你们是学生，我们健身房对学生有优惠政策，若三人或五人同时报名将有团体优惠政策。

你们是健身运动的爱好者，我们健身房的服务宗旨是为大众健身房会员服务，我在为你们服务的同时，在价格问题上，我可以让你们在消费的过程中得到实惠。

今天我有权力免费指导锻炼一堂课，希望你们从中受益，并希望你们能用实际行动加入健身消费行列。

在享有优惠政策的同时，我的服务质量将得到保证（递上名片），若有服务质量上的问题，你们将可以进行投诉。

这一公关销售的过程，充分展示了公关销售的"激"的方法。首先，在"层层诱导"和"定向诱导"的基础上，不会让健身消费顾客产生戒心，且为下一步实施"激"的方法埋下伏笔；其次，递上名片，将顾客消费心理提升为质量的保证。

6. "比"的方法

俗话说："不怕不识货，就怕货比货。"私人教练员在公关销售的时候，可以与周边地区的健身房进行比较，让健身消费顾客在对比中产生差别的感觉，这样就会增加说服力。如：当健身消费顾客认为"锻炼消费太贵"时，私人教练员就应拿周边地区的健身房的环境设施、配套服务的信息与服务质量的承诺、月参加健身锻炼消费的人数及锻炼消费群体的层次等方面内容进行比较，从中得出自己所在健身房的货真价实。这种"比"的推销术，特别能使健身消费顾客看清消费后的利益，增加对推销员的信任感。

7. "问"的技巧

私人教练员的推销过程是推销主体与推销对象双向交流的过程。在推销过程中，我们经常发现有的健身房会员不假思索地拒绝推销，因此"推销是从拒绝开始的"这句话半点不假。遇到这种情况，推销员不应"退避三舍"，而应"迎难而上"，这期间，巧妙提问是关键。提问，可以消除双方的强迫感，缓和气氛，可以摸清对方底牌而让对方了解"我"的想法；可以确定推销过程进行的程度；可以了解顾客障碍所在，寻找应对措施；可以留有情面地反驳不同意见等。提问是推销应对口才最有力的手段，一定要熟练掌握与运用。比如，适当的提问可以找到诸如"不参加""今天不买卡"或"过几天再说"等托词式拒绝背后隐藏的各种因素。

最后着重强调一点，那就是应当努力使自己的言行特别是言谈变得风趣、幽默。能够让客户觉得因为有了你而兴奋、活泼，并能让客户从你身上得到启发和鼓励。

第四节　私人教练服务纠纷防范与调解

一、私人教练服务纠纷、差错与事故

1. 私人教练纠纷

私人教练课程服务是现代商业健身房正常的服务行为，私人教练员和会员双方都受法律保护。私人教练课程服务近年来在商业健身房发展较快，对于倡导完全健康的生活方式与提升生活质量起到了积极的作用。但是，由于私人教练课程服务的特点等多方面因素影响，尤其是受市场经济的影响，在健身房私人教练课程服务中的私人教练员与会员之间纠纷的发生率远远高于一般的巡场教练员，这种现象应引起同人的重视。

私人教练课程服务纠纷是指私人教练员和会员双方在私人教练课程实施的过程中，产生及其处理时对服务态度、技术、技巧等诸方面产生了认识上的分歧和冲突，会员要求追究健身房或私人教练员的"责任"或"赔偿损失"，并经行政机关或司法机关进行调解或裁决才能解决的纠纷。

2. 私人教练事故

私人教练事故是指私人教练员在实施健身健美、体重控制、疗疾康复、运动处方等私人教练课程服务工作中，因私人教练员的处方、方法、方式、手段的选择和运用过失、不当，直接造成会员的组织器官损伤、肢体或器官功能障碍、残疾或死亡等。

根据私人教练事故发生的原因和性质，可分为私人教练责任事故和私人教练技术事故。

私人教练责任事故，是指私人教练员在私人教练课程实施行为中，违反规章制度、操作规程等失职行为造成会员组织器官损伤、功能障碍、残疾、死亡等事故。

私人教练技术事故，是指私人教练员在私人教练课程实施行为中，根据其相应的职称，由于技术水平、能力或经验不足而发生的工作失误，导致会员组织器官损伤、功能障碍、残疾或死亡等事故。

目前可参照医学界的医疗事故分级标准，将健身房私人教练事故划分为三级：

① 一级私人教练事故：造成会员死亡的。

② 二级私人教练事故：造成会员严重残疾或严重功能障碍。

③ 三级私人教练事故：造成会员残疾或者功能障碍。

因健身房私人教练员实施的私人教练课程行为，造成以上情况或结果的均称为私人教练事故。

3. 私人教练差错

私人教练差错是指私人教练员在实施健身健美、体重控制、疗疾康复、运动处方等私人教练课程服务工作中，因责任心或技术水平问题，造成的低于三级私人教练事故的损害，或者说不足以构成等级私人教练事故的其他损伤称为私人教练差错。私人教练差错分为严重私人教练差错和一般私人教练差错两种。

严重私人教练差错，是指私人教练员在私人教练课程实施行为中，因责任或者技术的过失，给会员造成了一定的痛苦，或延长了无效的服务时间，但无不良后果的。

一般私人教练差错，是指私人教练员在私人教练课程实施行为中，私人教练员虽然有处方、方法、方式、手段的选择和运用上的差错出现，但未造成会员身体损害，也无任何不良后果。

4. 非私人教练差错事故

非私人教练差错事故是指会员虽有死亡、残疾、功能障碍等后果，但非私人教练员的私人教练课程实施行为过失所致，是由私人教练员过失以外的原因引起的。

自然的疾病是指造成会员的死亡、残疾、功能障碍等后果，是会员身体内某种疾病或某种病理变化所致。

私人教练意外是指会员出现死亡、残疾、功能障碍等结果，但不是由私人教练员的私人教练课程实施行为有过失所致，而是因为会员自身突发了某种疾病或其他难以预料的原因所致的无法防范或避免的原因引起的私人教练课程实施行为以外的事故。

并发症。并发症其实也属于难以预料和防范的私人教练意外的一种，其不同之处是并发症多数是由本病引起的其他病症导致的不良后果。

二、产生纠纷或疑难问题的原因

疑难问题是指会员在健身消费过程中提出的比较复杂的问题，解答时需要私人教练员综合运用健身知识并具备一定的分析问题、解决问题的能力。

1. 期望值与效果的偏差

会员对于健身知识不甚了解，期望值过高，主观上认为参加健身锻炼就应当达到某种奇特的效果，一旦实际的健身效果与期望值相差甚远时，就会不满。当会员期望值较高时，私人教练员要根据健身原理进行讲解，使会员尊重科学，抛弃幻想。

出于此原因，会员常问的一些问题有：

我怎么练了好几个月了，身上的肌肉还没长出来？

我参加健身锻炼，怎么体形还跟以前一样没多大变化？

我做了减肥运动，效果基本看不出来，这个减肥方法怎么无效？

2. 身体条件与技术指导的差异性

（1）身体条件的差异性

肌肤是身体的镜子，身体健康是肌肤健美的基础，内部器官有什么问题都会反映到肌肤上来，但是会员一般缺乏这方面的知识，只是单纯依赖通过外部的护理来改善皮肤状况，而忽视了身体内部的调理。所以，在未能达到预期效果时，就会不理解，产生疑问。遇到这类问题时，私人教练员须耐心讲解，使会员建立内外兼治的健身健美意识。

（2）技术指导的差异性

出于上述原因，会员常问的问题有：

① 我的"脂肪"怎么又长出来了，不是参加了健身锻炼就不再长了吗？

② 我的体形健美了为什么体重却没有减轻？

③ 王教练和李教练怎么对同样的动作说得却不一样？

（3）对健身过程中出现的暂时性问题不理解

健身锻炼非一日之功，身体有自然的新陈代谢功能，锻炼需要一定的过程，在过程中可能会出现一些反应，会员缺乏对身体生理的了解，对于身体正常的生理反应感到害怕，以为是被"练"坏了。

（4）会员与私人教练员的审美观点不一致

每个人都有自己的审美观点，当会员认为私人教练员未能按照自己的审美观点去进行塑身美体时，也会产生不满情绪。

三、私人教练防范纠纷的态度

1. 高度重视

引起私人教练纠纷的因素常常是多方面的，有的直接因素是较隐蔽的、复杂的。由于私人教练纠纷的调解和处理将直接或间接涉及私人教练员和会员双方的权益、道德、人格与法律责任问题，因此，要严肃认真地根据不同情况予以具体的妥善的处理，以维护私人教练员和会员双方合法的权益，维护商业健身房的声誉。

私人教练员在服务过程中处于主导地位，给会员以极大的影响，会员是私人教练员的服务对象，因此，私人教练员在日常工作中就要努力完善自己的服务，尽力消除发生纠纷的潜在因素。一旦纠纷发生了，首先检查自己的服务，疏导会员不满情绪，积极化解矛盾，处理妥当；即使确实是会员不对，也要摆事实，讲道理，善言解释，以得到会员的理解。

2. 热情接待

会员登门投诉一般带着强烈的对立情绪，热情接待是缓解对立情绪的第一步，私人教练员不可把投诉的会员当作"来找麻烦的"，应像接待其他健身会员一样，为会员让座、倒茶水，不要立即审问式地说话，让投诉者稳定情绪后从容诉说。

3. 耐心倾听

会员投诉一般都带着对立情绪，很难要求所有投诉者都能心平气和、有条有理地叙述，私人教练员应体谅会员的心情，耐心倾听，中途不要打断，并用身体语言做出适当的呼应，表示在认真地倾听。

对会员的误解不要急于辩白，对会员的过分言行要采取克制的态度，避免酿成更加激烈的矛盾，最好的方法就是忍耐与沉默，让对方尽情地发完火后，再以诚恳而亲切的语调解释，绝不能有理不让人。私人教练员应该理解，会员倾诉不满也是他们宣泄怒气的过程，私人教练员的耐心有助于他们逐渐恢复理智。私人教练员还应注意同时做记录，待会员说完后复述要点请会员确认，这样一则可产生严肃认真的印象，二则不至于误解会员的意思。

4. 及时处理

私人教练员处理会员的投诉首先要调查、核实并做分析，找到纠纷发生的原因，分清矛盾是由于会员健身知识的缺乏或者是误解引起的，还是由于私人教练员工作的失误引起的。

婉转地澄清事实。及时向会员做出解释说明，消除误解。但不要正面指责、用教育的口吻，应当用"我们理解您的心情，但……"这一类的语言。

对会员加以指导，向会员详细说明健身项目的原理、过程，以及可能会正常出现的问题和解决方法，用实际行动使会员放心满意。

如果确实是私人教练员的失误引起的问题，不要回避责任，应当真诚道歉并迅速采取措施，求得会员的谅解和合作。将处理问题可能需要的时间告知会员，以使其安心。

四、私人教练避免纠纷的方法

会员的疑问和不满会通过不同的方式表达，而冲动地与私人教练员发生争执就意味着产生纠纷了，避免纠纷的方法是在会员出现冲动之前做好以下工作。

1. 预防措施到位，严格执行落实

鉴于私人教练服务纠纷发生的原因，防治的措施应从起因入手。私人教练员和会员要建立和谐的私人教练服务关系，私人教练纠纷是私人教练员和会员双方都不愿意发生的，但又是不可避免的，要明确双方的关系是一种法律关系，双方都应遵循各自的法定权利和义务。尤其是私人教练员除自觉遵照法律规定外，也要遵从各项规章制度和操作规程，减少私人教练事故、差错和不必要的私人教练冲突的发生、发展。

2. 礼貌待客，建立好感

一般来说，私人教练员给会员留下的第一印象好，会员即使对服务有不满，也会心平气和，就事论事地要求处理；反之，则会带着反感提出处理要求。因此，一个礼貌待客，受会员信任和欢迎的私人教练员，即使碰到问题，一般也不会形成纠纷。在良好的服务态度下，纠纷就比较容易避免或化解了。

3. 表述清楚，交代明白

私人教练员在介绍项目时要表述清楚，不可夸大健身效果，如果会员抱有很高的期望值，一旦达不到效果或是暂时出现反应，会员就会感到受了欺骗。因此，要在介绍项目时将过程以及可能出现的问题、处理方法尽量解释清楚，以防会员误解。

4. 细心观察，及时调整

每一次会员做健身之前，都要认真地观察会员的身体反应，发现问题，及时向会员解释原因，并做出必要的处理。

5. 做好跟踪服务

随时与会员保持联系，及时发现并消除易导致与会员发生纠纷的隐患。在健身服务中发生问题并不奇怪，会员需要的是有人能及时帮助他们解决问题，只要跟踪服务做得好，会员的不满就会变为感激。

后 记

作为曾经的皮划艇运动员，如今的我已成为了一名高校教师，站在了首都体育学院的讲台上。从高强度的训练、打比赛的职业生涯到现在教书育人、做研究的高校生活，转型的过程是一个学习和蜕变的过程，在这里，我深知从前的荣誉和成绩已成过往，要以一种清零的心态重新开始，这个过程是痛苦的，但也带来很多收获的喜悦。这本《教练学》，正是我从一名运动员转型为高校教师后，结合运动员经历以及执教心得所写，以期梳理教练学这门职业的科学和艺术，把自己的一些感悟奉献给大家。

在这本书成书之际，首先要感谢首都体育学院校长钟秉枢教授的帮助和支持，我在北京体育大学攻读博士期间就有幸选修了钟秉枢教授的课程，他的睿智与渊博给我留下了深刻的印象。钟教授在百忙之中亲自审定该书稿，该书的面世很大程度上得益于他的鼓励与帮助；感谢首都体育学院体育教育训练学院院长尹军教授，使我入职以来一直得到学院的重视和关心，从而顺利完成了从一名运动员到高校教师的转型；感谢首都体育学院体育教育训练学院的各位同人，与各位相遇是缘。

最后，感谢中央民族大学出版社的编辑为本书的辛勤付出，他们认真专业的工作精神让我深为感动。书中尚有许多不尽如人意的地方，真诚地欢迎读者批评指正，以便我在今后的修订中更改完善。